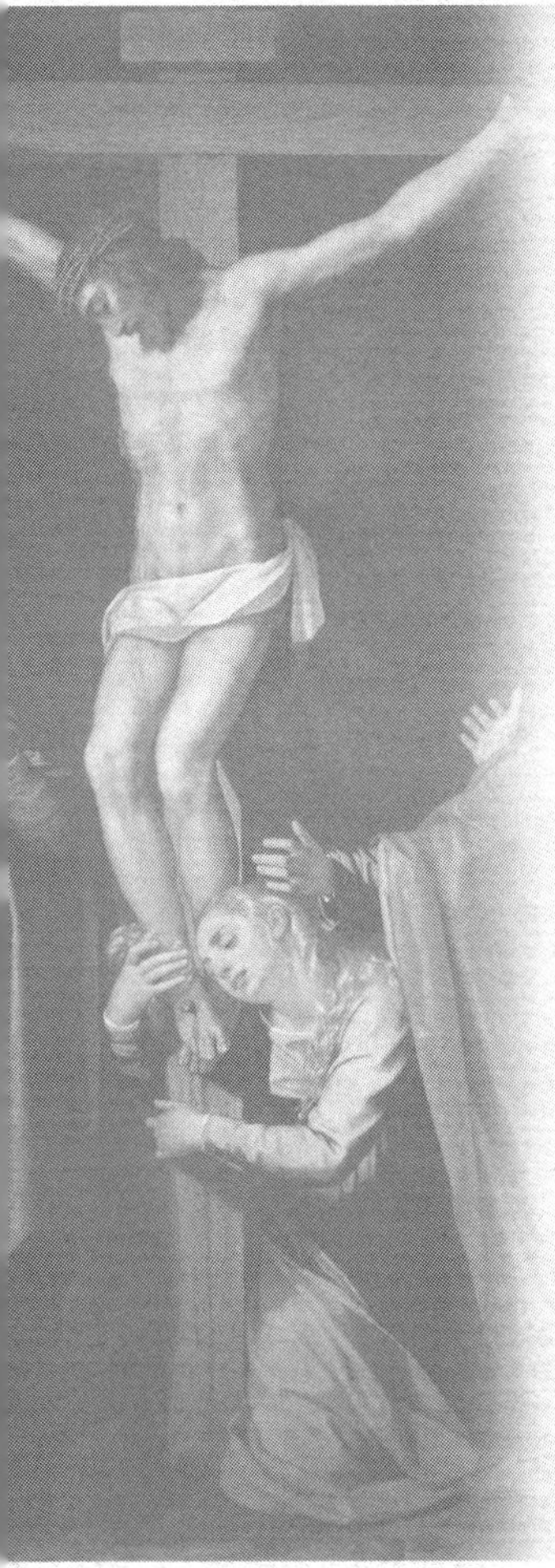

神と共に生きる

聖書の基本がわかる十七話

長田栄一［著］

YOBEL, Inc.

はじめに

多くの人に読まれ、世界に大きな影響を与えて来た『聖書』。何が書いてあるのだろう、現代人が聞くべきどんなメッセージがあるのだろうと、関心を持つ方も少なくありません。

私は牧師の一人として、この聖書のメッセージを人々に伝えることを、神から与えられた使命と考えてきました。拙い文章ではありますが、本書を読まれる方が聖書に込められた神様からのメッセージを理解し、受け止めることができるようにと願っています。

聖書を手に取られた方はお分かりだと思いますが、旧約聖書三九巻、新約聖書二七巻、日本語での翻訳聖書の中には二千頁を越えるものもあり、その内容は膨大です。旧約聖書の最初の五書を書いたと言われるモーセから、新約聖書の最後の書を書いたヨハネまで、千数百年の時の経過があります。文学形式も、歴史あり、詩あり、手紙ありと、多様です。この一書の内容について、古今東西、多くの学者や文学者が著わしてきた書物は数えきれません。そのようなことを考えると、この書に込められたメッセージを一般の方々に分かりやすくコンパクトにまとめてお伝えすることは至難のわざのように思えます。

しかし、私はこの書が神からの啓示の書であると信じています。様々な時代に色々な状況の中で、多くの人々の手によって書かれた「人の書」であることは事実です。しかし、彼らがこれらの書を書き記したとき、神からの特別な霊感を受けて書きました。ですから、この書全体を神様からの啓示の書、「神のことば」として受け取ってよいのだと信じています。

神様が世界中の人々にこの書を通して語りかけ、ご自分を示し、教え、導こうとしておられるとすれば、そして、そのために私のような者をも用いようとしておられるのだとすれば、聖書のメッセージを人々に伝えるため、私にできることは喜んでさせて頂きたいと願います。この本は、私のそのような願いから生まれたものです。

できるだけ分かりやすく、しかし、できるだけ聖書の内容をありのままにお伝えしたいと思います。この小さな本を読まれた方の中から、お一人でも神様に目を向け、近づき、神と共に生きる幸いへと導かれるなら、これに過ぎる幸いはありません。

二〇二三年七月

長田栄一

神と共に生きる——聖書の基本がわかる十七話

目次

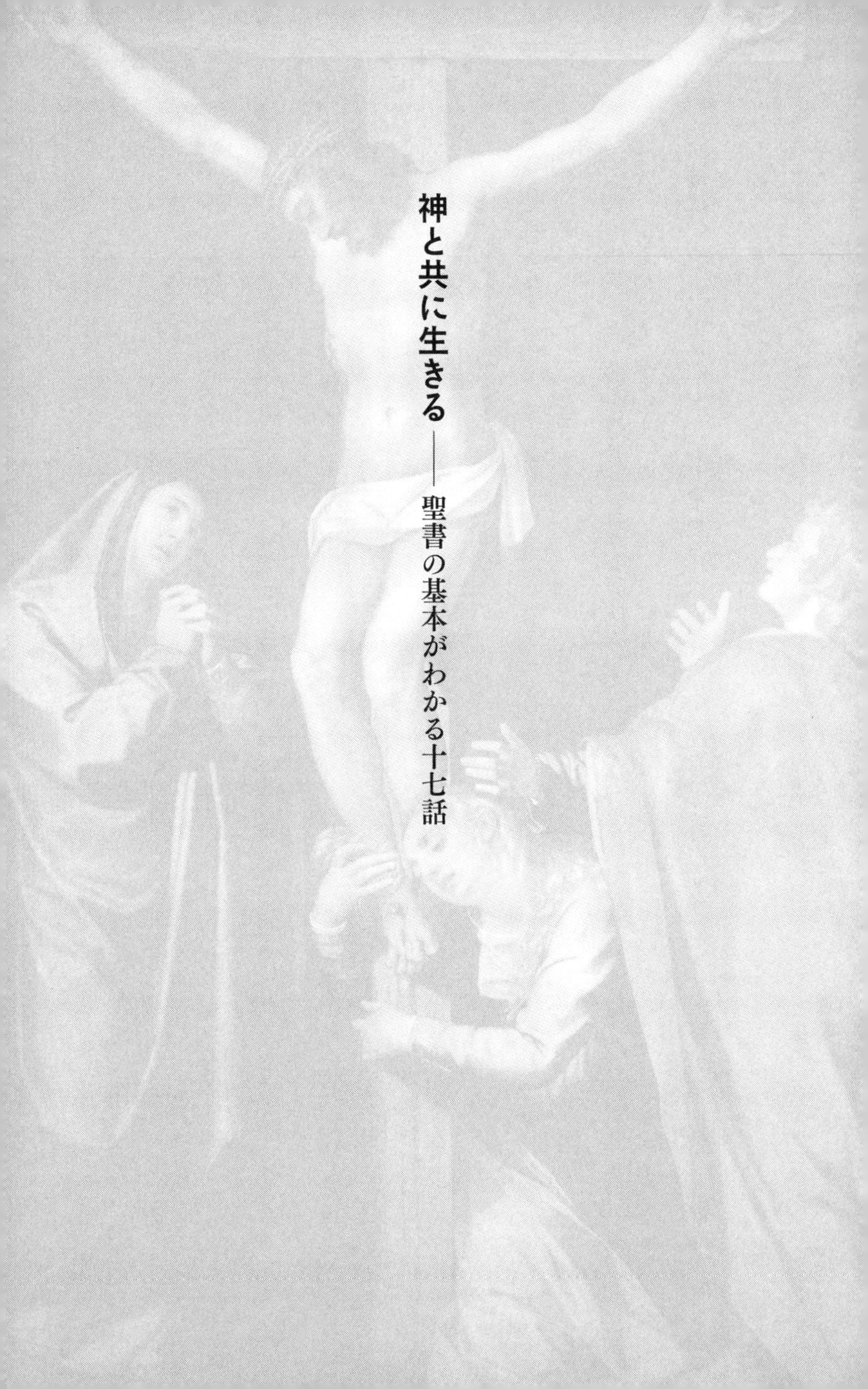

神と共に生きる

——聖書の基本がわかる十七話

第一話　創造者なる神　創世記一・一－三一

聖書が書かれた目標は、読む者が神と共に生きるようになるところにあります。私たちが神と共に生きようとするなら、神様がどのようなお方であるかを知る必要があります。聖書は神様がどのような方であるか、様々な方面から描いています。冒頭示されるのは、私たちが生きるこの世界を創造された神のお姿です。

一、創造者なる神

はじめに神が天と地を創造された。（創世記一・一）

聖書はこの一句から始まります。聖書は、私たちが住むこの世界を創造された神様がおられると告げています。

同志社大学の創立者となった新島襄は、幕末、国禁を犯してひそかに渡米しました。外国に対する憧れもありましたが、特に聖書の神について知りたいという思いが強かったようです。彼は国内にいる間に、漢訳聖書からの抜粋に触れていました。彼はその本を通して、万物の創造者がおられることを知ります。彼はその本を読んだ後、本を置き、あたりを見回して言ったそうです。「誰が私を創ったのか。両親か。いや、神だ。私の机を作ったのは誰か。大工か。いや、神は地上に木を育てられた。神は大工に私の机を作らせられたが、その机は現実にどこかの木からできたものだ。そうであるなら私は神に感謝し、神を信じ、神に対して正直にならなくてはならない」と。(『現代語で読む新島襄』丸善出版、五四頁)

「この世界はなぜ存在しているのか」。知識豊富な人に問うてもなかなか答えは返ってきません。しかし、聖書は静かに語り始めます。「はじめに神が天と地を創造された」と。

宇宙がどんなに大きな広がりを持っているか、天体がどのような法則によって動いているか、地球上に存在する生命がどんなに多種多様で、神秘に満ちているか……そのようなことに少しでも思いを巡らせるとき、これらのものを創造された神様がどんなに知恵深く、測り知れない御力を持っておられるか、私たちの想像を超えるお方であると分かります。

二、秩序をもたらす神

天と地の創造は、万物創造の舞台を用意しました。その後、神様は順番にいろいろなものを創造されます。

神は仰せられた。「光、あれ。」すると光があった。神は光を良しと見られた。神は光と闇を分けられた。神は光を昼と名づけ、闇を夜と名づけられた。夕があり、朝があった。第一日。神は仰せられた。「大空よ、水の真っただ中にあれ。水と水の間を分けるものとなれ。」神は大空を造り、大空の下にある水と大空の上にある水を分けられた。すると、そのようになった。神は大空を天と名づけられた。夕があり、朝があった。第二日。神は仰せられた。「天の下の水は一つの所に集まれ。乾いた所が現れよ。」すると、そのようになった。神は乾いた所を地と名づけ、水の集まった所を海と名づけられた。（創世記一・三－一〇）

これらの創造のみわざをどのように理解するか、諸説ありますが、たとえば、次のようにイメージしてみることもできるでしょう。地球は厚い水蒸気の雲で覆われています。地上までは太陽の光線も届かないほどです。神が「光、あれ」と言われたとき、水蒸気の雲はやや薄れて、地上にまで光が届きます。ぼんやりとですが、地上に昼と夜の区別が生まれます。それでも地上は水蒸気の雲が覆っています。「大空よ、水の真っただ中にあれ。水と水の間を分けるものとなれ。」神様がそう言われると、水蒸気の雲は地上の海と天上の雲とに分かれます。その間に大空が広がります。当初地上は海が覆っています。神は地表を隆起させなさいます。すると、海の中から陸が現れます。海は限られた部分だけにとどまることになります。

このように考えると、続いて記される「神は二つの大きな光る物を造られた。大きいほうの光る物には昼を治めさせ、小さいほうの光る物には夜を治めさせた。また星も造られた」とは、天上を覆っていた雲がすっかり取り除かれて、太陽や月、星が顔をのぞかせ、それらの光が地上に注がれるようになったと理解できます（創世記一・一六）。

このように理解することが当たっているのかどうかは分かりませんが、一つのことは言えるでしょう。神様はやみの中に光をもたらし、地球環境に区分を与え、徐々に秩序をもたらされたということです。

神様は、地球環境に秩序をもたらされました。同様に、私たちの生活にも秩序を与えてくださいます。私たちが聖書を通して神の御心を学び取る中で、神様がどんなことを喜ばれるのか、どんな行いを悲しまれるのかが分かってきます。人間として正しいこと、間違っていることは何であるのか、少しずつですが教えられていきます。そうすると、私たちの生き方の中に秩序が与えられます。やみの中に光がもたらされるようです。

三、豊かさをもたらす神

神は仰せられた。「地は植物を、種のできる草や、種の入った実を結ぶ果樹を、種類ごとに地の上に芽生えさせよ。」すると、そのようになった。（創世記一・一一）

神は仰せられた。「地は生き物を種類ごとに、家畜や、這うもの、地の獣を種類ごとに生じよ。」すると、そのようになった。（創世記一・二四）

地球上の地や海、空に、神様は種々様々の動植物を造られます。ここで繰り返されている言葉は、「種類ごとに」という言葉です。無秩序にではなく、きちんとした種類の区別があります。しかも、その種類は限りない程で、そこには豊かさがあります。

私たちが動物園に行けば、面白いふるまいをする動物が沢山います。水族館に行けば、変な形をした魚や水中の生物を沢山見ることができるでしょう。「神様は、どうしてこんな生き物を造られたのだろう」とびっくりすることがあります。神の知恵は多種多様で、その豊かさは無限であると実感させられます。

四、必要を備えてくださる神

神は人をご自身のかたちとして創造された。神のかたちとして人を創造し、男と女に彼らを創造された。（創世記一・二七）

いわゆる六日間の創造で、神は天と地、その中にあるすべての物を造られましたが、その最後に人を創造されました。この順序は大切です。

神様は私たちに空気や水、太陽の光や熱、食物となるあらゆる動植物が必要なことをご存じで、それらのものをあらかじめ備えてくださいました。人間にとって必要なすべての物が備えられた後、「さあ、これですべては揃ったよ」と言わんばかりに、人間を創造してくださいました。「天を創造した方、すなわち神、地を形造り、これを仕上げた方、これを堅く立てた方、これを茫漠としたものとして創造せず、住む所として形造った方」とある通りです（イザヤ書四五・一八）。

私たちには食物も水も必要です。住まいや着るものが必要です。温かい人との交流も必要であることを、神はご存じです。私たちに必要な地球環境の一切を備えてくださった神様は、今私たちに必要なものが何であるか、ご存じないわけがありません。この神様を信じるとき、私たちは自分の将来を愛なる神の御手にお委ねし、安心した心で生きていくことができます。

◇宇宙や地球にあるものを見て、その存在を不思議に思うことがありますか。
◇創世記によれば、神様は創造のみわざをどのように進められたでしょうか。
◇聖書の神様を信じてみたい気持ちがありますか。

第二話　共に生きることを願う神

創世記一・二七、二・一五－一七、三・一－九

フランスの画家ポール・ゴーギャンの代表作に、『我々はどこから来たのか　我々は何者か　我々はどこへ行くのか』という絵があります。ゴーギャンはカトリックの神学校で学んだこともあり、後にはキリスト教に反発もしますが、人間がどこから来てどこへ行くのか、人間が何者なのかという根本的な問いは、彼の心から離れなかったようです。

聖書は、世界を創造された神様が、人をも創造されたと言います。神様が人を創造するとき、人間をどのようなものとして創造されたのでしょうか。神様は私たちに何を期待し、願っておられるのでしょうか。

一、神のかたちに創造された

神は人をご自身のかたちとして創造された。神のかたちとして人を創造し、男と女に彼らを創造

された。（創世記一・二七）

ここに神様は人を「ご自身のかたち」、「神のかたち」として創造されたと記されています。聖書は神様が霊なるお方であって、私たちがそのお姿を見ることはできないと告げています。ですから、神様が人間と同じように物質的な形を持っているというわけではありません。ここでの「かたち」とは、その性質を示しています。人間は神様のご性質に似せて造られたということです。

神様のどんなご性質に似せられたのでしょうか。色々なことが言われていますが、中でも中心的なことは、人格的な存在として造られていることでしょう。言い換えれば他者との人格的な関わりの中で生きることを願う存在だということです。

神様は人間をロボットのように造られたわけではありません。自分の意志で動き、生きる存在です。喜び、泣き、笑い、怒る……そのような存在です。従って、人間同士の間にも、色々な関わりが展開されることになります。神様は私たち人間をそのような存在としてお造りになり、その上で私たちとの間に人格的な関わりを持ちたいと願われました。神様は私たちを愛し、私たちも神様を愛する……そのような人格的な関わりの中で共に歩んでいきたいと願われました。また、私たち人間同士が互いのことを思いやり、愛し合って生きることを願われました。

二、善悪の知識の実

神である主は人を連れて来て、エデンの園に置き、そこを耕させ、また守らせた。神である主は人に命じられた。「あなたは園のどの木からでも思いのまま食べてよい。しかし、善悪の知識の木からは、食べてはならない。その木から食べるとき、あなたは必ず死ぬ。」

（創世記二・一五－一七）

さて、最初に神様が人（アダム）を創造されたとき、彼を園に置かれました。一般に楽園と呼ばれるように、園にはおいしくて栄養のある各種の木の実が実っていました。そして、「園のどの木からでも思いのまま食べてよい」と言われていました。ところがそこに、唯一、禁じられていたことがありました。「善悪の知識の実からは、食べてはならない」ということでした。「その木から食べるとき、あなたは必ず死ぬ」という警告が伴っていました。

神様はなぜそのような木を生えさせられたのでしょうか。おそらくそれは、人間が神のかたちに創造されたことと関わりがあるのでしょう。神様は人が自由意志の中で生きていくことを願われましたから、神様のご命令に従うこともできましたし、背くこともできました。しかし、そういう中で、神様を愛し、神様の御心に従って生きることを自分の意志で選び取ってほしい……それが神様の願いでした。

しかし、そのような神様の期待は見事に裏切られることになります。

そこで、女が見ると、その木は食べるのに良さそうで、目に慕わしく、またその木は賢くしてくれそうで好ましかった。それで、女はその実を取って食べ、ともにいた夫にも与えたので、夫も食べた。（創世記三・六）

蛇（誘惑者）が現れ、女性（エバ）に近づきます。それを食べれば「神のようになって善悪を知る者となる」と主張します。「神様はそのことをご存じだからこそ、あなたがたにそれを食べることを禁じるのだ」と言わんばかりの言い方をします。エバが誘惑者の言葉を聞き、改めてその実を見ると、「目に慕わしく、またその木は賢くしてくれそうで好ましかった」と言います。エバはその実を取って食べ、ともにいた夫にも与えたので、夫もその実を食べてしまいます。

三、必ず死ぬ

彼らは神様から「その木から食べるとき、あなたは必ず死ぬ」と言われていました。何が起きたでしょうか。すぐに肉体が死に至ることはありませんでした。しかし、直後起こったことは衝撃的でした。

そよ風の吹くころ、彼らは、神である**主**が園を歩き回られる音を聞いた。それで人とその妻は、神である**主**の御顔を避けて、園の木の間に身を隠した。（創世記三・八）

楽園を神様が近づいてこられたとき、いつもであれば神様の前に喜んで出ていたはずの彼らは、とっさに身を隠してしまいました。「主の御顔を避けて」……そんなことはそれまでなかったことでした。神様と人との麗しい関係は歪められ、ひびが入っていました。

それは、「必ず死ぬ」と言われていたことが実現する最初の兆候でした。彼らの態度の変化を見、彼らが神のご命令に背いたことが明らかになったとき、神様は彼らに裁きを告げられます。祝福に満ちた彼らの生活の中におびただしい苦しみが生まれます。夫婦関係をはじめとして、人と人との関係も歪められます。そして、多くの苦しみの後、「あなたは土のちりだから、土のちりに帰るのだ」（創世記三・一九）……やがては死に直面することになると告げられます。

「見よ。人はわれわれのうちのひとりのようになり、善悪を知るようになった。今、人がその手を伸ばして、いのちの木からも取って食べ、永遠に生きることがないようにしよう。」（創世記三・二二）

彼らが神のご命令に従うことを選び取っていたならば、永遠に生きる可能性は備えられていましたが、今やその道は閉ざされることになりました。「必ず死ぬ」という神の言葉にうそ偽りはありませんでした。

四、あなたはどこにいるのか

このような事態の中で、神様は人間をお見捨てになったでしょうか。そうではありませんでした。彼らが神様との麗しい関係の中に回復されることを願い、その道を備えてくださいました。その備えについては、今後、引き続き学んでいただきたいと思います。

ここでは、園の木の間に身を隠した彼らに神様が何と呼びかけられたかを心に留めましょう。

神である主は、人に呼びかけ、彼に言われた。「あなたはどこにいるのか。」（創世記三・九）

彼らが木の間に隠れていることは、神様は先刻ご承知だったでしょう。「あなたは私と共に生きて幸いを得るはずではなかったのか。あなたは今どこにいるのか。私のもとに帰ってきなさい。」神様の切実な願いが込められているように思えます。そして、この同じ問いかけが現代の私たちにも向けられているのです。

◇人間とは何者なのか、人間はどこから来て、どこへ行くのか、考えたことがありましたか。

◇園の木のうち、実を食べることを許されていたものと、禁じられていたものと、どちらが多かったでしょうか。

◇神様が今「あなたはどこにいるのか。」と問われたら、どう答えたいですか。

第三話　神と共に生きるために――十戒

出エジプト記二〇・一―一七

『十戒』という映画を見られたことがあるでしょうか。チャールトン・ヘストン演じるモーセの姿が印象に残っておられる方も多いことでしょう。この映画は、旧約聖書の出エジプト記に記された出来事を映画にしたものです。イスラエルの民がエジプトの地で奴隷状態であったのを、神様はモーセを遣わして助け出し、パレスチナの地に導かれます。その途中、シナイ山で神様が彼らに示されたのが十戒でした。これは、彼らが神と共に生きていくためのガイドラインでした。

神様が彼らに律法として与えられた戒めは多種多様ですが、十戒はその中でも神の民としての生き方の本質を指し示すものでした。直接には当時のイスラエルの民に示されたものですが、現代においても、神と共に歩んでいこうとする者がどういう生き方をなすべきなのか教えています。

一、神との関係

十戒は大きく二つに分けることができます。第一戒〜第四戒は、神との関係を教え、第五戒〜第十戒は人との関係を教えます。まずは、第一戒〜第四戒を通して、神様との関係について考えてみましょう。

あなたには、わたし以外に、ほかの神があってはならない。あなたは自分のために偶像を造ってはならない。上の天にあるものでも、下の地にあるものでも、地の下の水の中にあるものでも、いかなる形をも造ってはならない。それらを拝んではならない。それらに仕えてはならない。（略）あなたは、あなたの神、**主**の名をみだりに口にしてはならない。**主**は、主の名をみだりに口にする者を罰せずにはおかない。安息日を覚えて、これを聖なるものとせよ。六日間働いて、あなたのすべての仕事をせよ。七日目は、あなたの神、**主**の安息である。あなたはいかなる仕事もしてはならない。（出エジプト記二〇・三−一〇）

第一戒「あなたには、わたし以外に、ほかの神があってはならない。」天地万物の創造者以外に、ほかのものを神としてはならないという戒めです。神様が造られた太陽や月、山や海、動物植物がどれほど力強く見え、神秘的なものとして見えたとしても、神として拝んではならないと言います。

第二戒「自分のために偶像を造ってはならない。」すなわち形あるものを造ってそれを神としてはならない、また拝んだり仕えたりしてはならないということです。神様は霊なるお方、形を持たないお方です。人間は目に見えるものに頼ろうとする傾向があって、形あるものを造って、そこに信仰の対象を見出そうとしますが、そうしてはならないということです。

たとえば、二人の男女が愛を誓いかわし、夫婦として歩み始めたのに、いずれか一方がその誓いを裏切り、他の異性に近づくなら、「お好きにどうぞ」ということにはならないでしょう。神様は、私たちを一途に愛するがゆえに、私たちが他のものを神としたり、拝んだりすることを憎まれます。

第三戒「あなたは、あなたの神、主の名をみだりに口にしてはならない。」私たちの神様への思いは、崇敬の心を含むべきです。冗談半分に神様のことを口にしてはならないということです。

第四戒「安息日を覚えて、これを聖なるものとせよ。」私たちは生きていくために働いて、生計を立てていく必要があります。しかし、神様のことを放っておいて働き詰めになってはいけない、週に一度は神様を礼拝する日として確保するようにしなさいということです。

二、人との関係

あなたの父と母を敬え。（略）殺してはならない。姦淫してはならない。盗んではならない。あなたの隣人について、偽りの証言をしてはならない。あなたの隣人の家を欲してはならない。

（出エジプト記二〇・一二－一七）

他方、第五戒～第十戒は人との関係を教えます。

第五戒「あなたの父と母を敬え。」神様が私たちに与えてくださった両親を大切にし、敬うことを教えます。

第六戒「殺してはならない。」人の命を大切にすることを教えます。

第七戒「姦淫してはならない。」配偶者との関係を大切にし、裏切ってはならないことを教えます。もちろん、人の結婚関係をも大切にしなければなりません。

第八戒「盗んではならない。」人の所有物を大切にし、不正に所有することがあってはなりません。

第九戒「あなたの隣人について、偽りの証言をしてはならない。」偽りの証言によって人を貶めたり、傷つけたりしてはいけません。

第十戒「あなたの隣人の家を欲してはならない。あなたの隣人の妻、男奴隷、女奴隷、牛、ろば、すべてあなたの隣人のものを欲してはならない。」人の所有物を盗まないだけでなく、貪り見ることもしてはならないということです。

これらの戒めは、自分の家族や隣人、周囲のすべての人を大切に考え、尊重することを教えています。

三、キリストはどう教えたか

これらの戒めについては、キリストも特に二つの点を指摘しておられます。

一つは、単に外側の行動だけでなく、行動の背後にある心の大切さを指摘されました。第六戒、殺人についての戒めについては、殺人に至らずとも、「兄弟に対して怒る者は、だれでもさばきを受けなければなりません」（マタイ五・二二）と言われました。第七戒、姦淫についての戒めについては、姦淫行為に至らずとも、「情欲を抱いて女を見る者はだれでも、心の中ですでに姦淫を犯したのです」（マタイ五・二八）と言われました。外側に行動となって現れる以前の心の憎しみ、怒り、あるいは情欲を神様は問題にされると教えられました。

二つ目には、これらの戒めの中心が愛にあることを指摘されました。「律法の中でどの戒めが一番重要ですか」と問われたとき、キリストは次のように答えられました。「『あなたは心を尽くし、いのちを尽くし、知性を尽くして、あなたの神、主を愛しなさい。』これが、重要な第一の戒めです。『あなたの隣人を自分自身のように愛しなさい』という第二の戒めも、それと同じように重要です。」（マタイ二二・三七－三九）いずれも律法に記された戒めです（申命記六・五、レビ記一九・一八）。このようなキリストの言葉から考えると、十戒で示されているのは、神様を心から愛すること、隣人を心から愛し、大切にすることに焦点があると分かります。

四、私たちの課題

さて、十戒を示されたイスラエルの民は、それらを実行することができたでしょうか。次回も学んでいただくことですが、彼らはこれらの戒めを破り始めます。悔い改めを迫る預言者たちの声も退け、最終的には国の滅亡に至ってしまいます。

人として正しい生き方を示されても、そのように生きることができない。これはイスラエル民族だけの問題ではありません。人を愛する生き方が大切だと分かっていても、そう生き切れない、むしろ自分勝手な生き方へと落ち込んでしまうことがないでしょうか。

夏目漱石は、『こころ』という小説を書きました。人間の心がいかに自分でもままならないものであるか、人を愛したいと願いつつも、人をだまし自分をだまして、利己主義的な道にいかに簡単に落ち込むものか、見事に描いています。多くの人はこの小説を読み、人間の心のやり切れない現実に直面するのです。

人間は内側に大きな課題を抱えています。聖書は率直にそのことを指摘します。しかし、神様はそのような私たちのために、回復の道、救いの道を備えてくださるのです。

◇映画『十戒』を観たことがありますか。

◇「あなたの神、主であるわたしは、ねたみの神」とはどのような意味だと思いますか。（出エジプト記二〇・五）

◇神様が十戒やキリストの言葉を通して示しておられる生き方について、あなたはどう思いますか。

第四話　不思議な男の子の誕生

イザヤ書九・一―七

前回は、神様がイスラエルの民に十戒を与えられたことを学びました。神を愛し、人を愛する生き方を示された彼らでしたが、その後、彼らはこれらの戒めを破り始めます。やがて国は滅亡へと向かい始めます。

そのような中で、人々に神の言葉を語った預言者たちがいました。彼らは、戒めを破る民が滅亡へと至るであろうと警告するとともに、神が回復の道をも備えてくださることを告げます。その中心に示されたのは、メシアの出現でした。預言者のひとり、イザヤの言葉から学びます。

一、闇の中に光

イザヤは紀元前八世紀に活躍した預言者でした。イスラエルの民が罪に罪を重ねるにつれ、彼らの地は闇に覆われていくだろうと、イザヤは告げました。「苦難と暗闇、苦悩の闇、暗黒、追放された者」が地を覆うことになると言いました（イザヤ書八・二二）。しかし、同時に、彼は希望の光を示しました。

しかし、苦しみのあったところに闇がなくなる。先にはゼブルンの地とナフタリの地は辱めを受けたが、後には海沿いの道、ヨルダンの川向こう、異邦の民のガリラヤは栄誉を受ける。闇の中を歩んでいた民は大きな光を見る。死の陰の地に住んでいた者たちの上に光が輝く。

（イザヤ書九・一、二）

罪は光を遠ざけ、闇をもたらします。いのちを弱らせ、死へと導きます。しかし、そのような地にも光が輝くのだと言いました。

聖書は常に二つのものを明らかにします。罪悪に陥りやすい人間の現実の姿と、そのような中から私たちを救い出そうとする神の姿です。人間の現実のあり様は深刻です。決して安易に考えることはできません。しかし、その現実のただ中に救いの道を備えようとされる神様がおられる…そこに私たちの希望があります。

二、不思議な男の子の誕生

しかし、その救いの道としてイザヤが告げ示したのは、不思議なものでした。

ひとりのみどりごが私たちのために生まれる。ひとりの男の子が私たちに与えられる。主権はその肩にあり、その名は「不思議な助言者、力ある神、永遠の父、平和の君」と呼ばれる。

（イザヤ書九・六）

イザヤは希望の光として、ひとりの男の子の誕生を示しました。この男の子はまさに不思議な存在として示されています。「不思議な助言者、力ある神、永遠の父、平和の君」と呼ばれると言います。「不思議な助言者」と訳されていますが、「不思議な指導者」と訳すこともできます。国の滅亡が予告される中、不思議な方法で人々を神のご支配の中に導き入れるお方です。「力ある神」と言われます。旧約聖書は、神が創造者であること、被造物である人間とは異なり、天の高みにおられるお方、栄光に満ちたお方として示してきました。ところが、ここで、ひとりの男の子が「力ある神」と呼ばれるようになるだろうと言うのです。「永遠の父」、「平和の君」……どんな男の子がそう呼ばれうるのか、イザヤの預言を聞いた人々はいぶかしく思ったことでしょう。

三、ダビデの子孫の中から

その主権は増し加わり、その平和は限りなく、ダビデの王座に就いて、その王国を治め、さばきと正義によってこれを堅く立て、これを支える。今よりとこしえまで。万軍の**主**の熱心がこれを成し遂げる。（イザヤ書九・七）

続いてイザヤは、「その主権は増し加わり」、「その王国を治め」と、その男の子が一つの国をもたらすことを告げます。「その平和は限りなく」、「さばきと正義によってこれを堅く立て」と、その国は正義と平和によって治められると言います。

「ダビデの王座に就いて」とあります。ダビデとは、イスラエルの国の二代目の王で、イスラエルの黄金時代を築いた人です。神を愛し、人々を愛して生きた人でした。しかし、その後、王たちは次第に罪を重ね、国は分裂し、それぞれ大国に滅ぼされていきます。イザヤはそのような行く末を預言しながら、同時に回復の道を示します。その中心に示したのが、不思議な男の子の誕生でした。国が滅んでしまう中、ユダヤ人は預言者たちが語る多くの言葉の中にメシアへの待望を持ち始めます。メシアとは、本来、「油注がれた者」という意味です。王や預言者、祭司といった人々は、神の霊の力によってその働きを全うするようにと、任職のときに油を注がれました。そのように、やがて特別に油注がれた者として、民の回復を与えてくださるお方、救済者メシアが現れると期待しました。そして、イザヤがダビデの王座に就くと語った男の子こそ、そのようなメシアだろうと考えました。従って、そのメシアはダビデの子孫として現れると考えられました。

四、イエス・キリスト

イザヤが生きた時代から七百年以上の歳月が経ちました。貧しいながらも敬虔な信仰を持つ夫婦の間に、ひとりの男の子が誕生しました。父ヨセフは、ダビデの血統に属する人物でした（マタイ一・一）。天使が告げたところに従って、イエス（「神は救い」の意）と名付けられました（マタイ一・二一）。やがてこのお方が人々の前に宣教活動を進めるに従い、この方こそメシア（ギリシア語でキリスト）と信じる弟子たちが現れました。こうしてこのお方は半ば固有名詞のようにイエス・キリストと呼ばれるようになりました。

イエス・キリストの宣教活動開始の様子を伝えるマタイの福音書は、次のように記しています。

イエスはヨハネが捕らえられたと聞いて、ガリラヤに退かれた。そしてナザレを離れ、ゼブルンとナフタリの地方にある、湖のほとりの町カペナウムに来て住まわれた。これは、預言者イザヤを通して語られたことが成就するためであった。「ゼブルンの地とナフタリの地、海沿いの道、ヨルダンの川向こう、異邦人のガリラヤ。闇の中に住んでいた民は大きな光を見る。死の陰の地に住んでいた者たちの上に光が昇る。」（マタイ四・一二－一六）

私たちは今、希望を持ちにくい時代に生きていると言われます。経済的な困難、いつ訪れるか分からない自然災害、不透明な国際社会……。しかし、私たちの心に明るさが失われ、何とはなしに闇が覆うように感じられるとしたら、そこにはもっと根源的な問題があるのではないでしょうか。私たちの造り主なる神様から離れて生きていること、人としての正しい道を示されながらもそう生きることができないでいること、そうでありながら、正しいあり方へと戻る道が分からないでいること……これらのことが私たちの心を暗くしてはいないでしょうか。

神が備えてくださった希望の光、不思議な男の子がどのようなお方であるのか、さらに学んでいきましょう。

◇ 世界は明るいと感じますか。あなたの心の中はどうでしょうか。
◇ マタイ四・一二－一六を読みましょう。マタイはイザヤ九章一、二節がどのようにして成就したと言っていますか。

◇　あなたはイザヤが預言した不思議な男の子が誰のことだと思いますか。

第五話　人となったことば

ヨハネ一・一－五、一四－一八

西暦は、イエス・キリストの誕生を紀元として、世界の歴史を大きく二つに分けています。紀元前は「キリスト以前」(Before Christ = B.C.)、紀元後は「主の年」((Anno Domini=A.D.) として表現されます(西暦制定後、キリストの誕生に若干のずれのあることが分かり、現在、キリストの誕生は紀元前数年とされています)。

イエス・キリストは、世の中では「偉人」、「聖人」、「キリスト教の創始者」等、様々な言葉で紹介されます。しかし、聖書はこのお方についてどのように言っているのでしょうか。ヨハネの福音書の冒頭部分から学びます。

一、初めにことばがあった

初めにことばがあった。ことばは神とともにあった。ことばは神であった。この方は、初めに神ともにおられた。すべてのものは、この方によって造られた。造られたもので、この方によらずにできたものは一つもなかった。(ヨハネ一・一－三)

この福音書の冒頭部分、繰り返されるのは「ことば」という表現です。注意深く読めば、この「ことば」が驚くべき存在であることが分かります。初めから存在し、「神とともにあった」と言われます。万物創造のわざも、この「ことば」によってなされたと言います。

「このことばとは何だろうか。」そう尋ねながら読み進めていくと、次のような一節にたどり着きます。「ことばは人となって、私たちの間に住まわれた。私たちはこの方の栄光を見た。父のみもとから来られたひとり子としての栄光である。この方は恵みとまことに満ちておられた。」(ヨハネ一・一四)

さらに読み進むと、「律法はモーセによって与えられ、恵みとまことはイエス・キリストによって実現したからである」とあります(ヨハネ一・一七)。ここで「ことば」とはイエス・キリストのことを指していたのだと分かります。

なぜヨハネは最初からイエス・キリストと書かなかったのでしょうか。約二千年前イエス・キリストは誕生されましたが、このお方の存在がそこから始まったのではないということを表現したかったのでしょう。「初めにことばがあった」という表現は、世界の歴史の初め、もっと言えば永遠の初めを示しているようです。約二千年前、母マリアから誕生し、イエスと名付けられたこのお方は、その時から存在が始まったのではない、永遠の初めからおられたお方だと言います。

二、人となられた神

ヨハネの福音書冒頭を再度読み返してみますと、さらに驚くべきことが記されていることに気づきます。「ことばは神とともにあった。ことばは神であった」とあります（ヨハネ一・一）。この福音書を書いたヨハネはユダヤ人ですから、万物を創造された真の神が唯一であることを知っていたはずです。しかし、ここには、このお方が永遠の初めから神とともにあられただけでなく、「神であった」、すなわちご自身、神としての本質をお持ちの方であったと言います。万物創造のわざもこのお方によるのだと言います。

この点を心に留めた上で、改めて次の一文に目を留めましょう。

ことばは人となって、私たちの間に住まわれた。（ヨハネ一・一四）

「ことばは人となって」、すなわち、神であられるお方が人となった……そう理解できます。しかし、そんなことがありえるでしょうか。

日本では人が神になるという信仰をしばしば見かけます。日本人の神観では神と自然が連続的につながっています。従って、人が死んだ後、神となるという信仰もすんなり受け入れられる面があります。

しかし、聖書が示す神様は、世界を創造された神です。創造者なる神様と、被造物すべては、明確に区別されています。ですから、人が神となることについては、その可能性を明確に否定します。しかし、神が人となることはどうでしょうか。

人間の頭では考えにくいことですが、神は全能な方ですから、神がそのようにしようと思われたならば不可能ではありません。そして、事実神はその可能性を現実に変え、「人となって、私たちの間に住まわれた」のだと言います。

三、ひとり子の神

続いて次のように記されます。

私たちはこの方の栄光を見た。父のみもとから来られたひとり子としての栄光である。この方は恵みとまことに満ちておられた。（ヨハネ一・一四）

人となられたお方、イエス・キリストを人々は目にすることができました。このお方は栄光に満ち、恵みとまことに満ちておられました。その栄光は「父のみもとから来られたひとり子としての栄光」だと言います。

後にも学びますように、イエス・キリストは神様を天におられる父として人々に教えられました。これは、キリストご自身、神との間に、父と子という特別な関係を持っておられたことが背景にあったと考えられます。キリストにとって神は父であられました。「あなたがたも同じように、このお方を天におられるあなたがたの父と考えなさい」と、人々に勧めました。すなわち、キリストはご自分を通して神を父とする生き方へと招かれたと言うことができます（ヨハネ一・一二参照）。

しかし、ここに見逃せない一点があります。イエス・キリストが神の子であるということには、比類ない特別な面があったということです。それが「ひとり子」という言葉で表現されています。この点をより明確に表現したのが「ひとり子の神」という表現です（ヨハネ一・一八）永遠の初めから神とともにおられた、ご自身神であられたこのお方は、父なる神に対して「ひとり子の神」であって、比類ない特別な存在であられることを示しています。

四、私たちが神を見るために

いまだかつて神を見た者はいない。父のふところにおられるひとり子の神が、神を説き明かされたのである。（ヨハネ一・一八）

神は霊なるお方ですから、私たちの肉眼で見ることはできません（ヨハネ四・二四）。しかし、神のひとり子、ひとり子なる神が人となってこの世界に生きてくださいました。人間の目に見えるお姿で、ひとりの人として生きながら、神を説き明かされました。単に言葉で神を教えただけではなく、その人格と生涯、その存在自体を通して、神を示してくださいました。
最後に、聖書中、大変よく知られている言葉をお読みください。

神は、実にそのひとり子をお与えになったほどに世を愛された。それは御子を信じる者が、一人として滅びることなく、永遠のいのちを持つためである。（ヨハネ三・一六）

私たちは、神が天の高い所におられて、私たちを上の方から見ておられると考えるかもしれません。しかし、神様は世のあり様を上から見ておられるだけのお方ではありません。私たちのことを心にかけ、私たちを愛し、私たちと共にありたい、私たちにご自分を現したいと願っておられる方です。神様から離れ、罪の中に滅びようとする私たちを見て、見ぬ振りをすることができず、ひとり子を人として生まれさせ、私たちのために回復の道、救いの道を開かせようとしてくださった方です。私たちは、御子イエス・キリストを通して神様がそのようなお方であると知ることができます。

次回は、神が遣わされた御子キリストがどのように誕生し、私たちのためにどのような救いを備えてくださったのか、もう少し詳しく学びます。

◇ イエス・キリストについて最初に聞いたとき、どんなイメージを持ちましたか。

◇ 「ことば」とは、イエス・キリストのことであることを確認しましょう(ヨハネ一・一、一四、一七)。

◇ 今、イエス・キリストについて知りたいことは何ですか。

第六話　イエス・キリストの誕生　マタイ一・一八－二三

イエス・キリストの誕生については、第四話の終わりでも少し触れました。また、前回、第五話では、ヨハネの福音書冒頭を通して、神のひとり子が人となられたお方がイエス・キリストであると学びました。

今回は、マタイの福音書冒頭から、イエス・キリストの誕生がどのようなものであったのか、もう少し詳しく学びます。その誕生の様子を見るとき、このお方がどのような使命を持ってお生まれになったかを知ることができます。

一、約束のメシア

イエス・キリストの誕生は次のようであった。（マタイ一・一八）

イエス・キリストの具体的な誕生の様子を見る前に、もう一度、「イエス・キリスト」というお名前について確認しておきましょう。この後見るように、「イエス」が男の子につけられた実際のお名前でした。これに対して、「キリスト」は本来お名前ではなく職名です。「油注がれた者」を意味するヘブル語メシアをギリシヤ語で表現した言葉です。ですから、イエス・キリストという言葉は、本来、「イエスはキリスト、メシアである」という信仰を言い表したものです。（その後、次第に半ば固有名詞のように使われるようになりました。）

第四話で学んだように、旧約聖書はメシアの出現を予告しています。そのメシアはアブラハム、ダビデの子孫の中から現れると考えられました。マタイの福音書の最初に出てくるのは、イエス・キリストの系図です。この系図を見ると、キリストが確かにアブラハムの子孫であり、ダビデの子孫であることが、よく分かります（マタイ一・一－一七）。このお方こそ、約束のメシアであることを系図が示している形です。

二、聖霊による特別な誕生

母マリアはヨセフと婚約していたが、二人がまだ一緒にならないうちに、聖霊によって身ごもっていることが分かった。（マタイ一・一八）

さて、キリスト誕生の物語は、結婚を約束した夫婦の戸惑いと苦悶から始まります。すなわち、母マリアはヨセフと婚約中であり、まだ一緒になる前であったにも関わらず、身重になったのでした。このことは、通常の判断からすれば、マリアがよからぬ行為をしたことを意味したでしょう。実際、ヨセフもそのように考えました。マリアの人となりを知るヨセフにとって、それは信じられないことでしたが、大きくなってくるマリアのお腹を見れば、そうとしか考えられないことでした。

ヨセフは大きな痛みと悩みの中に置かれましたが、悩みの中で決断したことは「ひそかに離縁しよう」ということでした（マタイ一・一九）。しかし、そのように決断しつつも思い悩み、あれこれ思いめぐらしていたヨセフに対して、夢の中に天使が現れます。天使の言葉は次のようなものでした。

ダビデの子ヨセフよ、恐れずにマリアをあなたの妻として迎えなさい。その胎に宿っている子は聖霊によるのです。（マタイ一・二〇）

「恐れずに」と言うのは、真相はヨセフが考えているようなことではないからでした。マリアが子を宿しているのは、通常の男女の関係から生まれたことではない、聖霊による特別な出来事なのだということでした。

ここに、イエス・キリストが普通の人とは異なる誕生をしたことが示されています。このことを理解するためには、前回学んだように、万物の創造者なるお方、ひとり子なる神が人となられたのだということを思い出す必要があるでしょう。

三、罪からの救い主

天使が続いて語ったのは、次のようなことでした。

マリアは男の子を産みます。その名をイエスとつけなさい。この方がご自分の民をその罪からお救いになるのです。（マタイ一・二一）

天使は生まれてくる男の子の名前を「イエス」とするようにと告げました。「イエス」は、ユダヤ人にはよくある名前で、「神は救い」を意味しました。世界の救い主メシアとしてもふさわしいお名前と言えるでしょう。

しかし、ここで天使は、このお方によってもたらされる救いがどのようなものかを告げています。すなわち、「この方がご自分の民をその罪からお救いになる」と言いました。

これまで見てきたように、イスラエル民族は神と共に生きるよう招かれ、選ばれて、神の民とされた民族でしたが、彼らは一つの大きな課題を抱えていました。それは、神と共に生きるための指針（律法）を与えられつつも、神に背き始め、やがては神に滅ぼされる者となったことでした。すなわち、「罪」の現実を抱えていたことでした。

「罪」と訳されるギリシア語は、「的外れ」を意味します。神様を信じ、愛し、また互いに愛し合いながら生きるという、人間本来の正しいあり方から外れて生きてしまうとき、それは「罪」と呼ばれます。しかし、この男の子は「ご自分の民をその罪からお救いになる」と言うのでした。

イスラエルの民の問題は彼らだけの問題ではありません。私たちもまた、人間本来の生き方から道を踏み外すことがしばしばあるのではないでしょうか。創造者なる神様を無視して生きてしまい、人を思いやることよりも自分のことを優先させ、その結果、人を傷つけてしまうことがしばしばあるのではないでしょうか。そうだとしたら、この男の子の誕生は私たちにとっても希望の光となるはずです。

四、インマヌエル――神が私たちとともにおられる

さて、このようなイエス・キリスト誕生の次第を紹介しながら、マタイはこの出来事が預言者イ

ザヤによって言われたことの成就だと指摘します。

　このすべての出来事は、主が預言者を通して語られたことが成就するためであった。「見よ、処女が身ごもっている。そして男の子を産む。その名はインマヌエルと呼ばれる。」それは、訳すと「神が私たちとともにおられる」という意味である。（マタイ一・二二、二三）

　イザヤはひとりの男の子の誕生がインマヌエル、すなわち「神が私たちとともにおられる」という恵みをもたらすであろうと預言しました（イザヤ書七・一四）。キリストの誕生はまさにそのためのものでした。

　神に背き、人としての本来の生き方から逸れたままでは、私たちは神と共に生きることができません。罪を犯すとき、私たちは神と共にあるという恵みから遠ざけられます。しかし、イエス・キリストの誕生は、私たちを罪から救い、「神が私たちと共におられる」という恵みを私たちに回復させるための出来事でした。

　一八世紀、ジョン・ウェスレーという英国の伝道者が年老いて臨終の時を迎えたとき、彼は力を振り絞って何度も同じことを語りました。「最もよいことは、神がわれらと共にいますことである」。ウェスレーも生涯の中でいろいろなよい事を経験したことでしょう。しかし、彼にとって最も幸いだったことは神様が共にいてくださったことだったと言うのです。

私たちのことを心にかけ、愛しておられる神様と共に生きるとき、私たちは人としての幸いを覚えながら生きることができます。イエス・キリストは私たちにこの恵みを与えるためお生まれくださいました。

◇あなたの誕生の状況には、何か変わったことがありましたか。

◇マタイ一・二三で引用されたイザヤ書七・一四を実際に開いて確認しましょう。

◇「神が私たちとともにおられる」ということは、あなたにとって幸いなことと思いますか。

第七話　神の国への招き　マルコ一・一四、一五

ヨハネが捕らえられた後、イエスはガリラヤに行き、神の福音を宣べ伝えて言われた。（マルコ一・一四）

イエス・キリストが公に宣教活動を開始されたのは、年およそ三〇歳の時と言われます（ルカ三・二三）。その働きの中心にあったのは、福音を宣べ伝えることでした。「福音」とは、良い知らせのことです。キリストが伝えた良い知らせとは、どのようなものだったのでしょうか。

一、時が満ちた

時が満ち、神の国が近づいた。（マルコ一・一五）

イエス様が福音において語られた第一のことは、「時が満ちた」ということでした。「時」とは、「約束の時」のことです。これまで見てきたように、神様は様々な形でメシア到来の約束を与えておられました。

これまで見てきたように、神の民として選ばれたはずのイスラエルの民は、神に背き、罪を重ねたことにより国の滅亡を経験します。そのような中で、預言者たちが伝えたことは、彼らの罪ゆえにこのような悲劇がもたらされたのであること、そして、にもかかわらず神様は彼らのために回復の道を備えられるということでした。そして、その鍵となるのがメシアの到来であることを預言者たちは様々な形で伝えましたした。

イエス・キリストは、このような旧約聖書の約束に基づき、ご自分が神から遣わされた以上、約束の時は満ちたのだと宣言されました。

二、神の国が近づいた

イエス様が福音において語られた第二のことは、「神の国は近づいた」ということでした。

当時のユダヤ人たちは、メシアの出現を待ち望んでいました。同時に、神の国の訪れを待ち望んでいました。メシアの出現によって神の国が成就すると考えましたから、二つのことは一つでした。イエス様は世を救うメシアとしておいでくださいましたから、確かに「時が満ち、神の国は近づいた」のでした。

しかし、ユダヤ人たちの間で、メシアに対する理解は様々であり、神の国がメシアによってどのように実現していくのかについても、色々な考え方があったようです。そのような中で、イエス様はどのような意味で「神の国は近づいた」と言われたのでしょうか。

多くのユダヤ人は国の復興をもたらす政治的、軍事的な力を持ったメシアをイメージしていたようです。実際、イエス様をそのように理解しようとした人々もいました。しかし、イエス様はそのような人々から身を退け、ある場合にはそのような考え方を明確に否定されました（ヨハネ六・一五、一八・三六）。むしろ、神の国は人々の目に触れない小さなところから始まると言われました。しかし、いつしかそれは大きな国となり、イスラエルの民ばかりでなく世界中の人々が集い来たることになると言われました（マルコ四・三一、三二、ルカ一三・二九、一七・二〇、二一）。

たとえば、イエス様は神の国をからし種にたとえられました（マルコ四・三〇－三二）。からし種は、ごま粒よりも小さいものです。しかし、からし種が植えられ、芽が出て、段々大きくなると、大きな木のようになり、鳥も宿るほどになります。そのように、神の国は目に見えない領域、すなわち信じる者たちの心と生活の中に始まり、徐々に大きくなって、やがて地を覆うようになることを教えられました。

イエス様が神の国をもたらすメシアとして来られたとすれば、それはどのようにしてもたらされるのでしょうか。この点は、後に詳しく学ぶことになりますが、何よりも私たちの罪を根本的に扱うことを通してでした。すなわち、私たちの罪のために十字架につけられて死ぬこと、三日目によみがえることを通してでした（ルカ二二・一五－二〇、ヨハネ一四・二、三）。

神の国の最終的な実現のためには、なお時が定められています。世の終わり、キリストが栄光のうちにおいでになるとき（これをキリストの再臨と言います）、神の国は最終的な形で実現していきます（ルカ二一・二七、三一）。イエス様は神の国をしばしば宴会の情景として描いておられますから（ルカ一四・一五－二四）、そのときには、喜びと楽しみだけが満ちることでしょう。悲しみや苦しみは過ぎ去り、神の愛のもと、喜びが満ち溢れることでしょう（黙示録二一・二－四）。

なお、世の終わりの神の国実現に至るまでに、死の時を迎えた信仰者はどうなるのでしょうか。おそらくは、中間的な安息と慰めの場に迎えられるようです（ルカ一六・一九－二六、二三・四三）。最終的な神の国実現まで、あるいは、死によって安息の場に迎えられるまで、時の経過が必要です。それまで、信仰者は「御国が来ますように」と祈りつつ、神の御心の中で、神様と共に生きていきます（ルカ一一・二）。

信じる者の生涯にも、悲しみがあり、苦しみもあります。しかし、それでも、神様は悲しみの中に喜びを、苦しみの中に忍耐と平安を与えてくださって、神と共に生きる幸いの中に私たちを導いてくださいます（ルカ六・二〇、二一）。

水野源三という方は、「瞬きの詩人」と呼ばれています。小学生四年生のとき、赤痢から来る高熱によって脳性小児麻痺を患い、手や足の他、口も自由に動かせなくなりました。幸い、その後数年して、キリストの福音を耳にし、キリストを信じる者となりました。瞬きだけが意思表示の手段でしたが、その瞬きによって信仰を背景とした沢山の詩を残されました。

『悲しみよ』という詩があります。

悲しみよ悲しみよ　本当にありがとう
お前が来なかったら　つよくなかったなら
私は今どうなっていたか
悲しみよ悲しみよ　お前が私を
この世にはない大きな喜びが
かわらない平安がある
主イエス様のみもとにつれて来てくれたのだ

（水野源三著『わが恵み汝に足れり』アシュラムセンター発行、六七頁）

大きな苦しみ、悲しみの中を通されましたが、水野さんはキリストの福音を通して確かに神の国の幸いをお知りになりました。

三、悔い改めて福音を信じなさい

悔い改めて福音を信じなさい。（マルコ一・一五）

「時が満ち、神の国が近づいた」と言われたイエス・キリストは、結論として言われました、「悔い改めて福音を信じなさい」と。約束のメシア、イエス様が現れ、神の国が近づいた今、神の国に入るためにどうすればよいのか、イエス様は二つのことを言われました。

第一は、悔い改めです。これは、心の転換を意味する言葉です。これまで神様に背を向け、自分勝手に生きてきたとすれば、心と生活の向きを変え、神様のほうに顔を向け直し、神様に向かって歩み始めることです。

第二は、信仰です。すなわち福音を信じることです。「神の国が近づいた」と言われる、神様からのよい知らせ、イエス・キリストを通してもたらされたこのよい知らせを、そのままそっくり「信じます」と受け取ることです。

どんなに良い知らせがあっても、信じなければ、その人にとってその知らせは役に立ちません。「悔い改めて、福音を信じなさい。」神様の招き、イエス・キリストの招きに、信仰をもってお応えになりませんか。

◇今まで一番うれしかった知らせは何ですか。

◇からし種のたとえは、神の国のどのような性質を表現していますか。（マルコ四・三〇－三二）

◇「悔い改めて、福音を信じなさい」との招きに、どうお応えしたいですか。

第八話　天におられる父なる神

マタイ七・七―一一

イエス・キリストは群衆に福音を宣べ伝えるとともに、ご自分のもとに集まった弟子たちに多くのことを教えられました。マタイの福音書六―八章に記されている教えは、その中でも山の上でなさったもので、山上の説教と呼ばれます。

この時の教えの大きな特徴の一つは、神様を「天におられるあなたがたの父」として示されたことです。天地創造の神様は、私たちを心にかけ、愛しておられるお父様のような方だと言います。そして、このお方と共に生きていくことを学ぶようにと教えられました。その教えのいくつかを学んでみましょう。

一、父なる神のように愛する

キリストの教えの中でも、聞く者、読む者に衝撃を与えるものに、次のような教えがあります。「自分の敵を愛し、自分を迫害する者のために祈りなさい。」（マタイ五・四四）当時、ユダヤ人たちの間で言い交わされていたことは、「あなたの隣人を愛し、あなたの敵を憎め」ということでした（マタイ五・四三）。身近な人々を愛することがよいことだということは、世界中どんな人でも納得します。しかし、「敵を愛し、迫害する者のために祈りなさい」とは、聞いていた弟子たちも驚いたことでしょう。びっくり顔の弟子たちにイエス様が示されたのは、天におられる父なる神様のお姿でした。

天におられるあなたがたの父の子どもになるためです。父はご自分の太陽を悪人にも善人にも昇らせ、正しい者にも正しくない者にも雨を降らせてくださるからです。（マタイ五・四五）

太陽の光は悪人であろうと善人であろうと、分け隔てなく注がれます。また、恵みの雨は正しい者にも正しくないものにも、やはり分け隔てなく注がれます。そのように天の父なる神様はどんな人間であっても分け隔てのない愛を注いでおられる。そうだとすれば、あなたがたも自分によくしてくれる人だけでなく、敵対してくる人をも愛し、その祝福を祈る生き方をしなさい。そうであってこそ、天の父の子どもとして生きていくことができる…そう教えられました。

二、父なる神の前で生きる

続いて、キリストはこのように教えられました。

人に見せるために人前で善行をしないように気をつけなさい。そうでないと、天におられるあなたがたの父から報いを受けられません。（マタイ六・一）

具体的には、当時、ユダヤ人たちの間で良い行いと考えられ、重んじられていた三つの行為を取り上げておられます。施し、祈り、断食です。これらは、いずれも良い行いではありますが、人前でしないようにと言われました。

たとえば、当時施しをするのに、会堂や通りでラッパを吹いてから施しをする人、会堂や大通りの角に立って祈る人、断食をするときわざと暗い顔をしたり、顔をやつれさせたりする人がいたようです。しかし、そのようなことをしないようにと戒められました。むしろ、これらのことを人が見ていないところでこっそりとするなら、「隠れたところで見ておられるあなたの父が、あなたに報いてくださいます」と言われました（マタイ六・四、六、一八）。

私たちは人の目を意識し、人がどのように評価してくれるかを気にしながら生きているのではないでしょうか。しかし、本当に大切なことは、すべてをご存じの天の父なる神様の前で正しく生きることだと言われました。

三、父なる神に信頼して生きる

「空の鳥を見なさい」、「野の花がどうして育つのか、よく考えなさい」といった教えも有名です（マタイ六・二六、二八）。これは、明日のことを心配して生きることを戒めるもので、たとえば、空の鳥は「種蒔きもせず、刈り入れもせず、倉に納めることもしません。それでも、あなたがたの天の父は養っていてくださいます」と指摘されました（マタイ六・二六）。だから心配するな、ということでした。また、野の花は「働きもせず、紡ぎもしません。しかし、わたしはあなたがたに言います。栄華を極めたソロモンでさえ、この花の一つほどにも装っていませんでした。今日あっても明日は炉に投げ込まれる野の草さえ、神はこのように装ってくださるのなら、あなたがたには、もっと良くしてくださらないでしょうか」と言われました（マタイ六・二八―三〇）。だから、心配しなくてもよいと言うのです。

あなたがたにこれらのものすべてが必要であることは、あなたがたの天の父が知っておられま

す。(マタイ六・三二)

食べるもの、着るもの、生きていくのに必要なこれらのもののことについて、天の父なる神様にお任せし、心配しないで生きていく……そんな生き方をキリストは教えられました。

四、父なる神に祈る

最後に、もう一つ、有名な教えをご紹介しましょう。「求めなさい。そうすれば与えられます。」というものです。あまりにもシンプルで、「本当にそんなことでよいのか」と思うほどです。しかし、この教えを根拠づけるのも、天の父なる神様への信仰でした。

あなたがたのうちのだれが、自分の子がパンを求めているのに石を与えるでしょうか。魚を求めているのに、蛇を与えるでしょうか。このように、あなたがたは悪い者であっても、自分の子どもたちには良いものを与えることを知っているのです。それならなおのこと、天におられるあなたがたの父は、ご自分に求める者たちに、良いものを与えてくださらないことがあるでしょうか。(マタイ七・九―一一)

パンを求めてくる子に、少し形が似ているからと言って、石を与える親はいません。魚を求めてくるのに、形が近いからと言って蛇を与える親もいません。自分の子に対して、人間の親であってもそうであるとすれば、天の父なる神様がご自分に求める者たちに、良いものを与えてくださらないはずがない、というわけです。

私が島根県に住んでいたときのことでした。関西で牧師のための研修会が開催され、参加した帰り、友人の牧師たちに新神戸駅まで車で送ってもらったことがありました。彼らを見送った後、ポケットに財布がないのに気づきました。財布には帰りの新幹線の切符も入っていたので焦りました。

携帯電話のない時代、十円玉さえないので公衆電話も使えません。困惑が広がる中、「こんな時こそ祈りだ」と気づきました。「天の父なる神様、ご覧の通りです。私が座っていた座席の隣の友人が落ちた財布の方に顔を向け、見つけるようにしてください。」祈ると心に安心が来ました。財布を見つけても戻ってくるのに時間がかかりますので、その場で待ちました。「そろそろ帰ってくる頃」と思っていると、先ほど見送った車が戻ってきました。中から友人がニッコリして財布を差し出してくれました。

天の父なる神様を信じて生きるということは、小さな子どもが親に抱かれて生きるときの安心した心持ちで生きるのに似ています。不必要な心配によって気を病む必要はありません。人の評価ばかり意識して、不自由になる必要もありません。「単純すぎる」と言われるかもしれませんが、キリストは「向きを変えて子どもたちのようにならなければ、決して天の御国に入れません」とも言われました（マタイ一八・三）。単純なようでも、子どものように信頼しきった信仰で天におられる父なる神様を見上げながら生きるとき、そこに新しい生き方が開かれていきます。

◇ 今回紹介したキリストの教えの中で、聞いたことのあるものがありましたか。

◇ これらの教えは、山の上でなさったということですが、そのような状況が教えの中にも反映されていると思いますか（マタイ六・二六、二八）。

◇ 学んだキリストの教えの中で、一番心に留まったものはどれですか。

第九話　生ける神の子キリスト

マタイ一六・一三－二三

イエス様の教えは人々の反響を呼んでいました。また、病で苦しんでいる人々を癒やしたり、悪い霊に憑かれて苦しんでいる人から霊を追い出したりもしておられましたから、イエス様の噂は急速に広まりつつありました。

ある時、イエス様の働きは重大な転換点を迎えることになります。このとき、イエス様はご自分が何者であり、これからどのような道を進もうとしているのか、弟子たちに明らかにされます。

一、人々は人の子をだれだと言っていますか

ピリポ・カイサリアという地に行かれたときのことでした。イエス様は弟子たちに一つの質問をされました。

さて、ピリポ・カイサリアの地方に行かれたとき、イエスは弟子たちに「人々は人の子をだれだと言っていますか」とお尋ねになった。(マタイ一六・一三)

「人々は人の子をだれだと言っていますか」という質問でした。「人の子」とは、イエス様がご自分をさしてしばしば用いられた表現ですので、人々がイエス様に対してどういう見方をしているかを問うものでした。

これに対して、弟子たちは口々に答えました。「バプテスマのヨハネだという人たちも、エリヤだと言う人たちもいます。またほかの人たちはエレミヤだとか、預言者の一人だとか言っています。」(マタイ一六・一四)これらは、実際に弟子たちが耳にしたイエス様に対する当時の人々の声だったことでしょう。大方の見方は、神から遣わされた特別な預言者として見ていたようです。

二、あなたがたはわたしをだれだと言いますか

次に、イエス様はもう一つの質問をなさいました。

イエスは彼らに言われた。「あなたがたは、わたしをだれだと言いますか。」(マタイ一六・一五)

これは、イエス様にとっても、弟子たちにとっても、先程の質問よりはるかに重要な質問でした。人々の見方が種々様々であることは当然のことでした。しかし、寝食を共にしながらイエス様の弟子として歩んできた者たちが、イエス様をどういうお方と見ているのか、改めて問われたとき、弟子たちの間に緊張が走ったかもしれません。しばらくの緊張した空気を破って答えたのはペテロでした。

シモン・ペテロが答えた。「あなたは生ける神の子キリストです。」（マタイ一六・一六）

これは正しい答えでした。イエス様も、「バルヨナ・シモン（ペテロのもともとの名）、あなたは幸いです。このことをあなたに明らかにしたのは血肉ではなく、天におられるわたしの父です」と言われました。父なる神様があなたにこのことを明らかにしてくださいました、ということです。見事な正解でした。

しかし、ペテロ自身が自分の出した答えをどこまで正しく理解していたかは、議論の余地があります。「神の子」と言いましたが、以前に見たような、ひとり子なる神、父なる神と同じ神としての本質を持つお方として、きちんと理解できていたかは分かりません（第五話参照）。しかし、普通の人間にはできない奇跡のみわざを見ましたから、神様との特別な関係を持つお方として見始めていたのは確かです（マタイ三・一七、一四・三三）。

また、「キリスト」と言いました。これは、イエス様を約束されたメシアとして信じる信仰を言い表しています。しかし、当時、メシアについてのユダヤ人の見方も種々様々でしたから、ペテロが「キリスト（メシア）」についてどういうイメージを持っていたかは不明の部分があります。少なくとも、彼のメシア観には大きな欠けもあったようで、そのことは次の瞬間明らかにされていきます。

しかし、彼が答えた回答自体は確かに正しいものでした。イエス様はまさに「生ける神の子キリスト」でした。

三、受難のメシアとして

そのときからイエスは、ご自分がエルサレムに行って、長老たち、祭司長たち、律法学者たちから多くの苦しみを受け、殺され、三日目によみがえらなければならないことを、弟子たちに示し始められた。（マタイ一六・二一）

この時、イエス様の宣教活動は大きな転換点を迎えていました。「あなたは生ける神の子キリスト」

と、弟子たちの中から信仰を告白する言葉が語られたとき、それまでになく明確に、イエス様は今後のことを明らかにされました。やがてご自分がエルサレムに行き、ユダヤ人指導者たちから多くの苦しみを受けること、殺されること、三日目によみがえることを示し始められました。

これは、弟子たちにとって衝撃を与えることでした。少なくとも、ペテロにとっては受け入れられることではありませんでした。彼は即座に言います。「主よ、とんでもないことです。そんなことがあなたに起こるはずがありません。」（マタイ一六・二二）彼の理解では、メシアがユダヤ人指導者から苦しみを受け、殺されることはありえないことでした。むしろユダヤ人指導者に受け入れられ、ローマの属州の状態にあったユダヤの民を独立、解放へと向かわせてくれると考えたのかもしれません。軍事的な力によって王国を立て上げてくれると考えたかもしれません。ですから、ペテロはイエス様が言われたことを「とんでもないこと」と考え、イエス様を「わきにお連れして、いさめ始め」ました。

しかし、それを聞かれたイエス様はペテロの方を向き直って言われました。「下がれ、サタン。あなたは、わたしをつまずかせるものだ。あなたは神のことを思わないで、人のことを思っている。」（マタイ一六・二三）つい先ほど、イエス様への正しい信仰告白をしておほめの言葉を頂いたばかりのペテロが、今度はおしかりの言葉を受けました。なぜでしょうか。

イエス様がメシアとして歩もうとしておられる道は、ペテロがメシアにふさわしいと考えていたような道とは全く違っていました。そもそもイスラエルの民が国の滅亡を経験し、大国の支配下に置かれるに至ったのは、神様に対する彼らの背きの罪のためでした。ですから、そこからの解放も軍事力の行使によっては果たされず、人々の罪をきちんと扱わなければなりませんでした。そして、そのためにこそイエス様は、ご自分が人々の罪を負い、苦難を受け、死に至る、「受難のメシア」としての道を歩もうとしておられました。

その歩みは神が定められた道であり、主イエス様はその道へと進むことを決意しておられました。ペテロがイエス様をその道から逸らそうとしたとき、イエス様はその背後にサタン（悪魔）の働きを見ました。イエス様がその道から外れることを一番願っていたのがサタンだったからでしょう。これらのことは、この時のペテロには理解できませんでしたが、後に理解するようになります。後に彼は諸教会への手紙の中にこう書きました。「キリストは自ら十字架の上で、私たちの罪をその身に負われた。それは、私たちが罪を離れ、義のために生きるため。その打ち傷のゆえに、あなたがたは癒やされた。」（Ⅰペテロ二・二四）イエス様は、罪の中に滅びに向かおうとする私たちを救うために「受難のメシア」としての道を歩んでくださいました（イザヤ書五三章参照）。

メシアとして来られたイエス様がどうしてそのような道に進まなければならなかったのか……誰しも抱く疑問です。しかし、このことは決して他人事として考えることはできません。なぜなら、イエス様の受難は、誰もが内に抱える課題に解決を与えるためのものだからです。神様に背を向け、神への愛、人への愛に背く生き方へと傾きやすい私たち、否実際そのような道を歩んできた私たちに、回復の道、救いの道を備えるためのものだったからです。

◇イエス・キリストに対する異なった見方を耳にしたことがありますか。

◇ペテロがイエス・キリストについて正しく理解していたところ、理解しきれなかったところは、それぞれどんな点でしょうか。

◇あなたはイエス・キリストをどのような方だと思いますか。

第十話　実を結ぶ生涯

ヨハネ一五・一－一六

自分が生涯かけてどのような実を結ぶだろうかと、考えたことがあるでしょうか。イエス・キリストはその生涯の大切な時に、豊かな実を結ぶ生涯の秘訣について、弟子たちに教えられました。その時、キリストは死の時を目前にしていました。キリストの働きが反響を呼び、人々の注目を集める中、ユダヤの宗教指導者たちはねたみのゆえに、その死を求めていました。そのような中、イエス様ご自身、最後の時が近づいていることをご存じで、弟子たちとの食事会をします。いわゆる「最後の晩餐」と言われるものです。この食事会で、イエス様はご自分を信じる者たちがその生涯においてどのように豊かな実を結ぶことができるのかを語られました。

一、農夫、ぶどうの木、そして枝

ここで、イエス様は、ご自分と父なる神様、そしてご自分を信じる者たちについて、イスラエルの人々にとってなじみ深い果物を用いて表現しておられます。

わたしはまことのぶどうの木、わたしの父は農夫です。（略）わたしはぶどうの木、あなたがたは枝です。（ヨハネ一五・一、五）

ここで、イエス様はご自分が「まことのぶどうの木」であり、父なる神様は「農夫」だと言われました。そして、イエス様が「ぶどうの木」であるとすれば、弟子たちはぶどうの「枝」だと言われました。父なる神様が農夫だとすれば、ぶどうの木においしい実がなることを期待するはずです。実は、旧約聖書を読むと、神の民として選ばれたイスラエルがぶどうの木にたとえられている箇所がいくつかあります（イザヤ書五・一、二等）。神様はイスラエルの民が神の恵み、神の偉大さを証言し、神の栄光を現すことを期待しておられました。彼らを通してそのような実が豊かに結ばれることを期待されました。しかし、そのご期待はかなえられませんでした。それは彼らの背きと罪の故でした。

その後、イスラエルの中にイエス・キリストが現れなさいました。このお方は「まことのぶどうの木」でした。このお方を通して、世界中に神の恵み、神の偉大さが証しされること……これが神様のご計画でした。

しかし、弟子たちも驚いたことでしょうが、そのようなご計画の中で、弟子たちには大切な役割

表面に ご住所・ご氏名等ご記入の上ご投函ください。

●今回お買い上げいただいた本の書名をご記入ください。
書名：

●この本を何でお知りになりましたか？
1. 新聞広告（　　　）2. 雑誌広告（　　　）3. 書評（　　　）
4. 書店で見て（　　　書店）5. 知人・友人等に薦められて
6. Facebook や小社ホームページ等を見て（　　　）
●ご購読ありがとうございます。
ご意見、ご感想などございましたらお書きくだされればさいわいです。
また、読んでみたいジャンルや書いていただきたい著者の方のお名前。

・新刊やイベントをご案内するヨベル・ニュースレター（E メール配信・不定期）をご希望の方にはお送りいたします。
（配信を希望する／希望しない）

・よろしければご関心のジャンルをお知らせください
（哲学・思想／宗教／心理／社会科学／社会ノンフィクション／教育／歴史／文学／自然科学／芸術／生活／語学／その他（　　　）

・小社へのご要望等ございましたらコメントをお願いします。

自費出版の手引き「**本を出版したい方へ**」を差し上げております。
興味のある方は送付させていただきます。
資料「**本を出版したい方へ**」が（必要　　必要ない）

見積（無料）など本造りに関するご相談を承っております。お気軽にご相談いただければ幸いです。

＊上記の個人情報に関しては、小社の御案内以外には使用いたしません。

郵便はがき

恐縮ですが
切手を
お貼りください

113 - 0033

東京都文京区本郷 4-1-1-5F

株式会社ヨベル YOBEL Inc. 行

ご住所・ご氏名等ご記入の上ご投函ください。

ご氏名：　　　　　　　　　　（　　　歳）

ご職業：

所属団体名（会社、学校等）：

ご住所：（〒　　　-　　　　）

電話（または携帯電話）：　　　（　　　　　）

e-mail：

があります。イエス様がぶどうの木であるとすれば、弟子たちはその枝だと言うのです。ぶどうの実は、枝に実ります。イエス様は枝である弟子たち、すなわちキリストを信じ、従う者たちを通して、神様のための豊かな実を結ぼうとしておられると言うのです。

二、どのように実を結ぶのか

それでは、枝である信仰者はどのようにして実を結ぶのでしょうか。もう一度確認したいことは、イエス様がぶどうの木であり、信仰者はその枝だということです。

わたしにとどまりなさい。わたしもあなたがたの中にとどまります。枝がぶどうの木にとどまっていなければ、自分では実を結ぶことができないのと同じように、あなたがたもわたしにとどまっていなければ、実を結ぶことはできません。わたしはぶどうの木、あなたがたは枝です。人がわたしにとどまり、わたしもその人にとどまっているなら、その人は多くの実を結びます。わたしを離れては、あなたがたは何もすることができないのです。(ヨハネ一五・四、五)

「わたしにとどまりなさい」……ここに鍵がありました。ぶどうの枝が実を結ぶためにしなければならない唯一のことは、ぶどうの木にとどまっているということです。結実のための栄養も水分も、ぶどうの幹から流れてくるからです。幹から離れた枝は、どれ程がんばっても実を結ぶことはできません。逆に、ぶどうの幹にとどまってさえいれば、いつしか実を結ぶことができます。

イエス・キリストが十字架に死に、よみがえってくださったのも、そのためだったと言えるでしょう。最後の晩餐の直前、イエス様はこんなことも語っておられます。「まことに、まことに、あなたがたに言います。一粒の麦は、地に落ちて死ななければ、一粒のままです。しかし、死ぬなら、豊かな実を結びます。」（ヨハネ一二・二四）キリストの十字架の死と復活は、信じる者たちに豊かないのちを注ぎ、そこに豊かな実を結ばせるためのみわざでした。

人がイエス・キリストを心に信じるとき、その人はキリストと一体のものとされます。ぶどうの木につながる枝とされます。その時から、キリストの豊かないのちが信じる者たちに注がれていきます。信じる者たちがぶどうの木であるイエス様にしっかりととどまりさえするならば、そこに豊かな実が結ばれていきます。

具体的にはどうすればよいのでしょうか。

あなたがたがわたしにとどまり、わたしのことばがあなたがたにとどまっているなら、何でも欲しいものを求めなさい。そうすれば、それはかなえられます。（ヨハネ一五・七）

父がわたしを愛されたように、わたしもあなたがたを愛しました。わたしの愛にとどまりなさい。（ヨハネ一五・九）

キリストにとどまるとは、キリストのことばにとどまることです。キリストのことばを受け入れ、心と生活にしっかりと根付かせ、とどまらせることです。キリストのことばは聖書に記されています。神のことばである聖書を日々読み、味わい、心に蓄え、そのことばによって生きていくとき、私たちはキリストにとどまることができます。

加えて言えば、キリストにとどまるとは、キリストの愛にとどまることです。いつもイエス様が私たちを愛しておられることを覚え、日々そのご愛の中で生きていくことです。

三、豊かな結実

信仰者がキリストにとどまるとき、そこには豊かな実が結ばれます。その形は様々です。たとえば、祈りの答えが現わされることもその一つでしょう。イエス様にとどまる者に対しては、イエス様の名によって祈るとき父なる神様がお聞きくださると約束されました（ヨハネ一五・七、一六)。祈りの答えが豊かに現わされていくとき、人々はそこに神様の偉大さと恵み深さを見ることができるでしょう。

あるいは、イエス様の愛にとどまるとき、人々は自ら愛に生き、喜びにあふれて生きることができます。そうすると、そこにも神の栄光が現わされていきます。

わたしの喜びがあなたがたのうちにあり、あなたがたが喜びで満ちあふれるようになるために、わたしはこれらのことをあなたがたに話しました。わたしがあなたがたを愛したように、あなたがたも互いに愛し合うこと、これがわたしの戒めです。(ヨハネ一五・一一、一二)

私たちがキリストを信じ、キリストにとどまるとき、すなわち、キリストが自分たちを愛しておられることを覚え、日々神のみ言葉によって生きるとき、私たちの生涯は豊かな実を結ぶものとなっていきます。

あなたがたが多くの実を結び、わたしの弟子となることによって、わたしの父は栄光をお受けになります。(ヨハネ一五・八)

あなたもキリストにとどまることにより、豊かに実を結ぶ生涯を送りませんか。

◇果物の栽培をしたことがありますか。

◇キリストがぶどうの木、信じる者たちが枝であるという比喩表現は、キリストと信じる者たちとの関係をどのようなものとして表現しているでしょうか。

◇自分の生涯を通してどんな実を結びたいですか。

第十一話　十字架上での死

マタイ二七・三九―五四

真理の言葉を語り続け、多くの人々の病を癒やして来られたイエス・キリストは、人々から大きな注目を受けました。しかし、ユダヤ人指導者たちはその状況をねたみ、まずはユダヤ人の最高法院を招集し、神殿への冒瀆、また神への冒涜を罪状として、死に値すると結論づけます。

しかし、当時ユダヤ人はローマ帝国の支配下にあり、自分たちで人を死刑にする権限を持っていませんでしたから、彼らはイエス様をローマ総督ピラトに訴えます。罪状はユダヤ人の王を自称しているというものでした。ピラトはイエス様が死刑に値するようなことをしていないと判断。しかし、ユダヤ人指導者は群衆の扇動にも成功し、死刑判決をくださない限りは暴動にもなりそうな状況を引き起こします。それを見たピラトは、遂に十字架刑を言い渡します。

十字架刑は、ローマ帝国下で行われていた死刑の手段の中でも、最も残酷と言われていたものです。その十字架にキリストがつけられ、長時間激しい痛みの中に置かれた末死んでいかれたことは、恐ろしい悲劇でした。

しかし、キリストの生涯を描いた四つの福音書は、その様子を描きながら、その死が単に悲劇に終わるものではなく、それこそが罪人に対する神の救済のご計画のクライマックスであったことを告げています。マタイの福音書の描写から、キリストの死の意味を考えてみましょう。

一、人々のあざけりの中で

通りすがりの人たちは、頭を振りながらイエスをののしった。「神殿を壊して三日で建てる人よ、もしおまえが神の子なら自分を救ってみろ。そして十字架から降りて来い。」同じように祭司長たちも、律法学者たち、長老たちと一緒にイエスを嘲って言った。「他人は救ったが、自分は救えない。彼はイスラエルの王だ。今、十字架から降りてもらおう。そうすれば信じよう。彼は神に拠り頼んでいる。神のお気に入りなら、今、救い出してもらえ。『わたしは神の子だ』と言っているのだから。」（マタイ二七・三九－四三）

十字架につけられたキリストのもとを多くの人々が行き交っていました。その多くは、十字架につけられたイエス様に向かい、あざけりの言葉を投げかけます。「神殿を壊して三日で建てる人よ」、「もしおまえが神の子なら」、「イスラエルの王」、「神のお気に入り」、「『わたしは神の子だ』と言っている」……これらの言葉は、彼らがユダヤ人の裁判や総督ピラトのもとでの裁判の様子を見聞きしていたことを示します。イエス様はそのように主張しているとして訴えられ、死刑に値するとの判決を受けておられました。そのような裁判の様子を見聞きした者たちは、十字架につけられたままになっているイエス様に向かって、もし主張してきたとおりの者であれば、「自分を救ってみろ」、「十字架から降りて来い」、「(神に)救い出してもらえ」とあざけります。しかし、イエス様は彼らのあざけりに対して一言もお応えになりません。沈黙のうちに十字架につけられたままでおられました。

イエス様はその時、ご自分を救う力を持っておられなかったのでしょうか。神の御子でなかったので、十字架から降りて来ることができなかったのでしょうか。いいえ、そうではありませんでした。前夜、大祭司がイエス様に向かって「おまえは神の子キリストなのか、答えよ」と問われたとき、「あなたが言ったとおりです。」と答えられたイエス様(マタイ二六・六三、六四)。そのお答えがご自分の死刑判決を決定づけるであろうことをご存じのうえで、あえてそう答えられたイエス様は、まさにその通りのお方でした。そうであれば、この時、十字架から降りて来てご自分を救うことは簡単なことのはず。イエス様は神様のご計画実現のためには、この死を引き受けなければならないと分かっておられました(マタイ二六・五三、五四参照)。

二、わが神、わが神、どうして

イエス様が十字架につけられて後、正午ごろから闇が全地を覆いました。午後三時ごろ、イエス様は大声で叫ばれました。

「エリ、エリ、レマ、サバクタニ。」これは、「わが神、わが神、どうしてわたしをお見捨てになったのですか」という意味である。（マタイ二七・四六）

「エリ、エリ、レマ、サバクタニ」はアラム語で、「わが神、わが神、どうしてわたしをお見捨てになったのですか」という意味でした。一見、絶望の叫びに見えます。しかし、この一言の中に、キリストの十字架上での死の意味が隠されています。

神の御子が神から見捨てられる……あり得ないことです。しかし、そのあり得ないことが起こったのが十字架上でのキリストの死でした。

このことについて、使徒パウロは次のように書いています。「神は、罪を知らない方を私たちのために罪とされました。それは、私たちがこの方にあって神の義となるためです。」（Ⅱコリント五・二一）

本来、神に見捨てられなければならないのは、神の前に罪を持って生きてきた私たちではなかったでしょうか。しかし、私たちが罪ありとして神に見捨てられることがないために、罪のない神の御子が罪ありとされました。その結果、神に見捨てられるはずのない神の御子が神に見捨てられた……それが十字架上で起こった出来事でした。

「わが神、わが神、どうしてわたしをお見捨てになったのですか。」この叫びは、十字架上で神の御子が罪人の立場に身を置かれ、神の峻厳な裁きを受けてくださったことの結果でした。

三、裂けた神殿の幕

しかし、イエスは再び大声で叫んで霊を渡された。すると見よ、神殿の幕が上から下まで真っ二つに裂けた。（マタイ二七・五〇、五一）

やがてイエス様は十字架上で息を引き取られました。この時、地震が起き、墓が開いて、多くの人々のからだが生き返ったと言います。このような出来事を見て、ローマの百人隊長やイエス様を見張っていた人々は「この方は本当に神の子であった」と言いました（マタイ二七・五四）。

そのような出来事の一つとして、もう一つ、「神殿の幕が上から下まで真っ二つに裂けた」という出来事が記されています。このこともまた、イエス・キリストが十字架に死なれたことの意味を暗示しています。

神殿は、奥の至聖所と手前の聖所の二つに区切られており、その間には垂れ幕が下がっていました。この幕を通って至聖所に入ることができるのは、年に一度、大祭司がいけにえの血を携えて入ることができるだけでした。このことは、罪人がそのままでは神の御前に出て行くことができないことを示しています。

しかし、キリストが十字架に死なれたとき、神殿の幕が真っ二つに裂かれました。このことは、罪人が神の御前に進み出ることができるための道が開かれたことを示しています。「私たちはイエスの血によって大胆に聖所に入ることができます。イエスはご自分の肉体という垂れ幕を通して、私たちのために、この新しい生ける道を開いてくださいました。」（ヘブル一〇・一九、二〇）

神の御子が十字架に死なれるという悲劇的な出来事は、単に悲劇で終ることではありませんでした。私たち罪人が、神のもとに立ち返るための道を開くため、どうしても必要なことでした。私たちの罪を担い、神の御子が十字架に死んでくださったことにより、私たちの罪が贖われ、神の前に進み出る道が開かれました。

神様が私たちのために成し遂げてくださったことが理解できるでしょうか。途方もない方法を通して、神は私たちのための救いの道を開いてくださいました。一度限りで、人間のための完全な贖いを成し遂げる神のみわざ……それが十字架上での神の御子の死でした。

「イエスは……この新しい生ける道を開いてくださいました。」（ヘブル一〇・二〇）開かれた道を通って、私たちも神の前に進み出ようではありませんか。

◇　十字架にどんなイメージを抱いてきましたか。

◇　イエス様がご自分を「神の子」とされたことによって、ユダヤ人の裁判がイエス様に死刑判決をくだしたことを確認しましょう（マタイ二七・六三－六五）。

◇　神の御子が十字架に死なれたことは、自分に関わりのあることだと思いますか。

第十二話　復活の日の朝

マタイ二七・六二―二八・一〇

キリストが十字架に死なれたとき、弟子たちは悲しみと恐れに包まれました。主イエス様に従ってきた女性たちも、悲しみに沈みました。しかし、キリストの死から三日目、日曜日の朝、変化が起こりました。その朝、何が起こったのでしょうか。そして、その出来事は現代に生きる私たちにとって、どんな意味があるのでしょうか。

一、破られた封印

そこで彼らは行って番兵たちとともに石に封印をし、墓の番をした。さて、安息日が終わって週の初めの日の明け方、マグダラのマリアともう一人のマリアが墓を見に行った。すると見よ、大きな地震が起こった。主の使いが天から降りて来て石をわきに転がし、その上に座ったからである。（マタイ二七・六六―二八・二）

イエス様は十字架に死なれ、墓に葬られました。その墓は岩を掘って造った墓で、入り口には大きな石が転がされました。しかし、祭司長やパリサイ人たちは一つの心配をします。イエス様がかつてご自分の復活について語っておられたのを聞き知っていたのでしょう。弟子たちが遺体を盗み出して、「よみがえった」と言いふらすのではないかと考えました。そこで、彼らはピラトのもとに行き、墓に番を付けるようにと願い出ます。ピラトは、この要求に応え、番兵を手配するとともに、墓を封じる石に封印をさせました。

三日目の朝、女性たちがイエス様の墓に向かっていました。彼女たちの懸念は入り口の大石を誰に転がしてもらえばよいかということでした（マルコ一六・三）。ところが、大地震が起こりました。主の使い（天使）が降りて来て、石をわきに転がしたからでした。もちろん、封印もすべて破られ、解かれてしまいました。そして、天使は彼女たちに主イエスの復活を告げ知らせるのです。

キリストが死の中から復活されたことは、私たちにとって大きな意味を持ちます。アダムとエバが神のご命令に背いたとき、「必ず死ぬ」と言われていた通り、死はどんな人をも打ち負かしてきました。しかし、イエス・キリストは死に勝利され、永遠に生きるお方としてよみがえられました。全人類を縛り付けていた死の封印が解かれた瞬間でした。

私たちは、イエス・キリストを信じるとき、罪を赦していただき、神との交わりを回復して頂くことができます。やがては私たちも死の時を迎えるでしょう。しかし、魂は主イエス様のもとに迎えられます。さらには世の終わり、イエス様と同じような復活栄光の体が与えられ、よみがえらされます（Ⅰコリント一五・二〇－二三）。イエス・キリストの十字架の死と復活により、死の封印は砕かれ、解かれたのです。

二、空になった墓

キリストの復活を告げる天使のことばは、以下のようなものでした。

あなたがたは、恐れることはありません。十字架につけられたイエスを捜しているのは分かっています。ここにはおられません。前から言っておられたとおり、よみがえられたのです。さあ、納められていた場所を見なさい。（マタイ二八・五、六）

天使が天から下り、墓を塞いでいた石をころがしたのは、復活したイエス様を外に出すためではありませんでした。他の福音書を見ると分かることですが、復活のイエス様は、固く閉ざした家の中にもスッと入って来ることがおできになりました（ヨハネ二〇・一九）。イエス様は復活されてすぐ、閉ざされた墓の中からも出て行くことができました。ですから、女性たちに天使が告げたのも、「(イエスは) ここにはおられません」ということでした。

「前から言っておられたとおり、よみがえられたのです」と告げると同時に、天使は彼らに、言いました。「さあ、納められていた場所を見なさい。」そこには、空になった墓があるだけでした。

エルサレムには、イエス・キリストが葬られた場所としていくつかの箇所が指摘されています。そのうちの一つで「園の墓」と呼ばれる場所があります。よく手入れがされ、「こんなところでイエス様がよみがえられたのかな」と思わせる雰囲気が漂っています。その園には、キリストの墓とされる場所があり、入口のところに「彼はここにはおられない。よみがえられた」と記されています。もし仮に、そこに記されている言葉が「ここにキリストの遺骨が納められている」ということであったらどうでしょうか。使徒パウロも言うように、「私たちの宣教は空しく、あなたがたの信仰も空しい」ということになるでしょう (Iコリント一五・一四)。「空になった墓」こそは、主キリストへの信仰の土台です。

三、お会いできる

続いて天使が女性たちに告げたのは、次のようなことでした。

そして、急いで行って弟子たちに伝えなさい。『イエスは死人の中からよみがえられました。そして、あなたがたより先にガリラヤに行かれます。そこでお会いできます』と。（マタイ二八・七）

墓を訪れたときには悲しみに沈み込んでいた彼女たちでした。しかし、天使によって主イエスの復活が告げられました。確かに墓は空でした。そして、弟子たちに伝えるようにと告げられた言葉は、「そこ（ガリラヤ）でお会いできます」。「主は生きておられる！」彼女たちの心を覆っていた悲しみはいつの間にか喜びに置き換わっていました。

急いで墓を立ち去り、走り出した女性たちは、そこで復活の主イエス様ご自身に出会います。彼女たちはイエス様の御前にひれ伏し、礼拝します。この時、イエス様が彼らに語られたのも、「恐れることはありません。行って、わたしの兄弟たちに、ガリラヤに行くように言いなさい。そこでわたしに会えます」ということでした（マタイ二八・一〇）。

実際、弟子たちはこの後、ガリラヤにおいてイエス様と相まみえます（エルサレムでも何度かお会いしますが、マタイの福音書では省略されています）。この後、イエス様は天に上っていかれます。しかし、その前に弟子たちに宣教の命令を与えるとともに、一つの約束を残されました。

見よ。わたしは世の終わりまで、いつもあなたがたとともにいます。（マタイ二八・二〇）

この後、主キリストは天に上っていかれます。これ以降、弟子たちは肉眼では主を見ることができなくなりました。しかし、彼らの心には「世の終わりまで、いつもあなたがたとともにいます」と言われた主のことばが響き渡っていました。その後の宣教活動には幾多の困難もありましたが、共にいます主イエス様を仰ぎつつ、命がけの宣教活動を進めることができました。

罪深い私たちが、その罪を赦して頂いて神と共に生きることができることは大きな幸いです。復活の主、御子イエス・キリストが、信じ従う私たちと共にいてくださる……それは、「神が私たちとともにおられる」という約束の成就と言えるでしょう（マタイ一・二三）。このお方は永遠に生きておられるので、いつも、どんな所からでも見上げ、「お会いできる」方です。

◇　初めてキリストの復活の話を聞いたとき、どう思いましたか。

◇　墓からイエス様の亡き骸が消え去った時、ユダヤ人指導者たちが兵士たちに言い広めさせた内容はどのようなものでしたか。（マタイ二八・一二―一五）

◇　今でもイエス・キリストに「お会い」できると思いますか。

第十三話　聖霊が注がれた日

使徒二・一－六、一四－一八、三二－三九

イエス様はよみがえって後、四十日にわたって弟子たちに姿を現されましたが、その後天に上げられました。しかし、その際、一つの命令と約束を残されました。それは、「エルサレムを離れないで、わたしから聞いた父の約束を待ちなさい。ヨハネは水でバプテスマを授けましたが、あなたがたは間もなく、聖霊によるバプテスマを授けられるからです」というものでした（使徒一・四、五）。

ご命令に従い、弟子たちは祈り続けました。ちょうどユダヤ人の祭り、五旬節（ペンテコステ）の日に、次のようなことが起こりました。

五旬節の日になって、皆が同じ場所に集まっていた。すると天から突然、激しい風が吹いて来たような響きが起こり、彼らが座っていた家全体に響き渡った。また、炎のような舌が分かれて現れ、一人ひとりの上にとどまった。すると皆が聖霊に満たされ、御霊が語らせるままに、他国のいろいろなことばで話し始めた。（使徒二・一－四）

物音を聞きつけた人々が集まってきました。ユダヤ人の祭りに参加するため、色々な国々に住む離散したユダヤ人たちも集まってきましたが、彼らは生まれ故郷の言葉で弟子たちが神のみわざについて語っているのを聞いて驚きます。中には、「酒に酔っているのだ」とあざ笑う者もいました。

その時、使徒ペテロが立ち上がり、人々に語り出します。彼の言葉を通して、私たちはこの日の出来事の意味をよく理解することができます。

一、約束の成就

「酒に酔っている」という声に対して、「今は朝の九時ですから、（略）酔っているのではありません」と答えた後、ペテロは次のように言いました。

これは、預言者ヨエルによって語られたことです。『神は言われる。終わりの日に、わたしはすべての人にわたしの霊を注ぐ。あなたがたの息子や娘は預言し、青年は幻を見、老人は夢を見る。その日わたしは、わたしのしもべにも、はしためにも、わたしの霊を注ぐ。すると彼らは預言する。（略）』（使徒二・一六－一八）

ヨエルは、神に背いた民に対して、いなごの襲来という形で神の裁きがもたらされたことを告げた預言者です。ヨエルは人々に神への悔い改めを迫ると共に、回復の時が備えられることも預言しています。そのような中で語られたのが、すべての者に神の霊が注がれる時が来るという預言でした（ヨエル書二・二八－三二）。限られた預言者たちだけに聖霊が注がれていた時代は過ぎ去り、すべての神の民が聖霊により神を証しする者となるというのでした。

ヨエルに限らず、イスラエルの預言者たちは皆、民の罪が神の祝福を失わせていることを指摘します。同時に、回復の道が備えられていると告げます。その鍵となるのがメシアの到来であり、神の霊の注ぎでした（イザヤ書三二・一五、エゼキエル書三六・二五－二七）。神の霊の注ぎこそは、神の祝福回復の中心的な出来事であり、神の民としてふさわしい歩みをもたらすものでした。

ペテロは、預言者たちを通して示されてきた神の約束が、五旬節のこの日、成就したのだと語りました。

二、天に挙げられたキリストが聖霊を注いだ

それからペテロは、イエス様について語り始めます。神から遣わされたお方として数々の奇跡をな

さったこと。しかし人々はこのお方を十字架につけて殺したこと。ところが、神はこのお方を死からよみがえらせたこと。自分たちはその証人であること。そして、ペテロはこのように続けます。

ですから、神の右に上げられたイエスが、約束された聖霊を御父から受けて、今あなたがたが目にし、耳にしている聖霊を注いでくださったのです。（使徒二・三三）

今、人々は弟子たちが聖霊に満たされ、色々の国の言葉で神様を証ししているのを見聞きしています。理解しがたいようなこの出来事こそ、イエス様が死からよみがえり、天にいます神の右に上げられ、父なる神様から約束の聖霊を受けて、それを弟子たちに注がれたことの結果だと言いました。自分たちが見聞きしていることを考えると、人々はペテロの言葉を否定することができませんでした。

ペテロは続いて語りました。

ですから、イスラエルの全家は、このことをはっきりと知らなければなりません。神が今や主ともキリストともされたこのイエスを、あなたがたは十字架につけたのです。（使徒二・三六）

ペテロの言葉は明確であり、人々の心に突き刺さりました。「人々はこれを聞いて心を刺され、ペテロとほかの使徒たちに、『兄弟たち、私たちはどうしたらよいでしょうか』と言った」と言います（使徒二・三七）。自分たちがとんでもない間違いを犯していたと気づかされた瞬間でした。

三、遠くの者一同にも与えられている約束

「どうしたらよいでしょうか」との人々の問いに、ペテロはこう答えました。

それぞれ罪を赦していただくために、悔い改めて、イエス・キリストの名によってバプテスマを受けなさい。そうすれば、賜物として聖霊を受けます。（使徒二・三八）

過ちを悟った彼らがその時なすべきことは、悔い改めること、イエス・キリストを信じ、このお方の名によるバプテスマ（洗礼）を受けることでした。その結果与えられる恵みは、罪の赦しであり、賜物として聖霊を受けることでした。そのように告げた後、ペテロは最後に次のように付け加えました。

この約束は、あなたがたに、あなたがたの子どもたちに、そして遠くにいるすべての人々に、す

なわち、私たちの神である主が召される人ならだれにでも、与えられているのです。

（使徒二・三九）

その時、その場にいた人々だけではありません。その子孫にも、さらには、「遠くにいるすべての人々」にも与えられている約束だと言いました。すなわち、この約束は時代や民族、国籍を越え、すべての者に与えられているのだと。

今、私たちは、二十一世紀、エルサレムから遠く離れた地に生きています。しかし、「遠くにいる人々」である私たちにもこの約束は有効です。いかに罪深い歩みをしてきたとしても、罪を悔い改め、キリストを信じてバプテスマを受けるとき、一切の罪が赦されるばかりか、賜物として聖霊を受けます。

経験や現象は様々です。この日の弟子たちと全く同じ経験をする人はむしろ少ないでしょう。しかし、形は違っても同じ聖霊を注いで頂いて、内側を新しく造り変えて頂くことができます。神との交わりが回復し、神を愛し、人々を愛する生き方へと方向転換させていただけます。どんな人も聖霊によって神の恵みを証ししながら生きていくことができます。

十字架の上に私たちの罪を贖い、死からよみがえり天に上げられた神の御子が、私たちに聖霊を注いでくださいます。罪を悔い改め、このお方を自分の主、キリストとして信じましょう。

◇ ペンテコステという言葉を聞いたことがありましたか。
◇ 聖霊が注がれたとき、弟子たちに何か変化が起こりましたか。
◇ あなたも聖霊を賜物として受けたいですか。

第十四話　悔い改めと信仰への招き

使徒二〇・一七－二一

　聖霊の注ぎを受けた弟子たちは、宣教の働きを開始しました。その働きは、「エルサレム、ユダヤとサマリアの全土、さらに地の果てまで」と広がっていきます（使徒一・八）。その中で、特に異邦人に対する宣教者として神に召された人物がパウロでした。

　彼は、もともとクリスチャンを迫害していた人物でした。しかし、迫害に息を弾ませていた最中、復活の主キリストの幻を見、回心とともに、宣教の働きに召されます。彼は地中海世界を何度も旅して周り、ユダヤ人だけでなく異邦人にも宣教の働きを広げていきます。小アジア（アナトリア半島）に位置するエペソにも、何度か訪れ、ある時はかなり長期間にわたり滞在もし、宣教活動をしました。その後、別の場所での宣教を終え、エペソの近くを通ったとき、エペソの教会の長老たちを呼び寄せ、懇談の時を持ちます。

　彼は小アジアでの宣教活動を振り返って、彼らにこういうことを語ります。

あなたがたは、私がアジアに足を踏み入れた最初の日から、いつもどのようにあなたがたと過ごしてきたか、よくご存じです。私は、ユダヤ人の陰謀によってこの身に降りかかる数々の試練の中で、謙遜の限りを尽くし、涙とともに主に仕えてきました。益になることは、公衆の前でも家々でも、余すところなくあなたがたに伝え、また教えてきました。ユダヤ人にもギリシア人にも、神に対する悔い改めと、私たちの主イエスに対する信仰を証ししてきたのです。

（使徒二〇・一八－二一）

以前はクリスチャンへの迫害を行なっていたパウロが、逆に迫害を受ける身となりました。しかし、数々の試練の中で宣教の働きを続けました。命がけでパウロが伝えた宣教の内容は何だったでしょうか。

パウロが人々に語ってきた宣教の内容、その結論は、要約すると「神に対する悔い改めと、私たちの主イエスに対する信仰」でした。もちろん、彼が語ったことは、多くのことが含まれていました。『使徒の働き』には、様々な場所で彼が人々に語った内容が記録されています。万物の創造者である神様のこと（使徒一四・一五）、神様は私たちがご自分を求めるよう招いておられること（使徒一七・二七）、そのためにイスラエルの中に救い主イエスを送ってくださったこと（使徒一三・二三）、このお方が十字架に死に、よみがえったこと（使徒一三・二八－三〇）、このお方によって罪の赦しが与えられること（使徒一三・三八）、また、神はこのお方によってやがてこの世界をさばこうとしておられることなどです（使徒一七・三一）。しかし、その結論として彼が語ったことは、「神に対する悔い改めと、私たちの主イエスに対する信仰」でした（使徒二〇・二一。使徒一三・三九、一七・三〇も参照）。彼はユダヤ人にもギリシア人にも、世界中の人々のこのことを訴えてきたのでした。これは現代の私たちも聞くべき神様からの招きそのものです。

一、神に対する悔い改め

……神に対する悔い改め……（使徒二〇・二一）

「悔い改め」とは何でしょうか。それは心の態度の転換を意味する言葉です。「神に対する悔い改め」ですから、特に神様に対する心の態度を変えることです。これまで、神様に背を向け、神様を無視して生きてきたのだとしたら、一八〇度向きを変え、神様に顔を向け直し、神様に向かって歩き始めることです。

イエス・キリストはある時、このことについて分かりやすいたとえを語られました。少しばかり脚色を交えてご紹介すれば、以下のようなお話です。

ある人に二人の息子がいました。兄息子は真面目でしたが、弟息子は父親のもとで生きることが嫌になり、自分が相続するはずの財産を譲り受け、遠い国に旅立ちました。しかし、彼はたちまち放蕩三昧の生活に陥り、あっという間に財産を使い果たします。そろそろ仕事でもと考えていると、ちょうどその頃、その地方に飢饉が起こります。彼は食べることにも困り始めます。仕事もなかなか見つからず、ようやく見つけた仕事は人々の嫌がる豚飼いの仕事でした。豚の世話をしながら、彼はあまりにお腹が空き、豚の餌でも口にしたく思ったほどでした。

しかし、その時彼は我に返ります。父親のところには、パンのあり余っている雇い人が沢山いるはず……。それなのに、自分は飢えて死のうとしている。自分がいるべき場所はここではない、雇い人の一人としてでよいから、父親のもとに帰って迎えてもらおうと決心します。

彼は立ち上がって、父親のもとへと向かいます。家が近づくにつれ心配になったのは、どんな顔をして父親が迎えてくれるかということでした。ところが、まだ家までは遠かったのに、彼を見つけて家の方から走り寄る人物がいます。父親でした。おそらく、父親は来る日も来る日も息子がいなくなった方向ばかり見ていたのでしょう。息子を見つけ、走り寄り、抱きかかえ、口づけして迎えます。「私は天に対して罪を犯し、あなたの前に罪ある者です。もう、息子と呼ばれる資格はありません。」……そう言いかける息子を、父は押しとどめます。汚れて臭くなった着物を換えさせます。いなくなっていた息子の帰りに、喜びに満ちた宴会が始まりました（ルカ一五・一一－二四）。

私たちは天の父なる神様のご愛のもと、神を愛し、周りの人々を愛しながら、幸せに生きるはずではなかったでしょうか。しかし、この弟息子のように、神様に対して背を向け、神様から遠く離れて生きていたのではないでしょうか。私たちは「我に返る」、すなわち、人間本来のあり方に立ち返る必要があります。それは、今いる所から立ち上がり、神様に向かって歩き出すことです。

神様が自分をどのように迎えてくれるか、心配する必要はありません。神様は私たちがご自分のところに帰ってくるのを今か今かと待っていてくださいます。私たちがこれまでどんなに罪深い歩みをしてきたとしても、また、神様に対して無関心であったとしても、あるいは神様に対して反抗的に歩んできたのだとしても、その事実に変わりはありません。私たちが神様に顔を向け、このお方のところに帰っていくなら、このお方は両手を広げ、大きな喜びをもって迎え入れてくださいます。

二、主イエスに対する信仰

……主イエスに対する信仰……（使徒二〇・二一）

パウロは、神に対する悔い改めとともに、主イエスに対する信仰を人々に訴えました。悔い改めと信仰はコインの裏表です。悔い改めは信仰とともに働きます。逆に、信仰は悔い改めなしに成り立ちません。

信仰とは、全人格的なものです。そこには聖書の伝えるメッセージを理解し、信じることも含まれています。すなわち、イエス・キリストが神の御子であり、その死と復活によって私たちの罪を赦し、新しくし、神の国に迎え入れ、永遠のいのちに生かしてくださると信じます。同時に、信仰は人格的な信頼です。イエス・キリストに対する全人格的信頼を持ち、自分の救い、生涯、永遠をこのお方の御手にお任せします。

神に対する悔い改めと主イエスに対する信仰を言い表すために、たとえば次のように祈ってもよいでしょう。

「天におられる父なる神様。私は今まで、神様に背を向けて生きてきました。しかし、神様が私を愛し、心にかけ、ご自分のところに帰ってくるよう、招いておられることを知りました。私はこれまで知っていて、あるいは知らずに様々な罪を犯してきました。御子イエス・キリストの十字架の死による贖いの故に私の罪をお赦しください。復活し、今も生きておられるキリストを、私の主、救い主として信じます。これから神様と共に生きていきます。神様を愛し、周囲の人々を愛して生きていきたいです。これからの生涯を助け、御心のままに導いてください。イエス・キリストのお名前によってお祈りします。アーメン。」

「アーメン」とは、元来ヘブル語で、「本当に」、「まことにそうです」という意味です。右のような内容があなたの心に沿うようであれば、ぜひ心を込めて神様に祈ってみてください。神様と共に生きる新しい生涯が始まります。

◇ これまでの神様に対する自分の態度はどのようなものだったと思いますか。
◇ パウロは、どんな内容の宣教をどのように行なったでしょうか。
◇ 神に対して悔い改め、主イエス・キリストを信じませんか。

第十五話　キリストの教会

エペソ一・二二－二三、二・一九－二二

使徒パウロは、いろいろな教会に手紙を書き送りました。その多くは新約聖書の中に収められており、新約聖書の約半分はパウロの手紙で占められています。

パウロがこれらの手紙を書いたのは、それぞれの教会の信仰者に、イエス・キリストへの正しい信仰をもって生きるよう励ますためでした。中でも、エペソ人への手紙は、特にキリストの教会に焦点を当てて書かれています。

「教会」というと、教会堂、礼拝堂といった建物をイメージする方も多いでしょう。しかし、新約聖書の中で教会とは、イエス・キリストを信じる者の集まりのことです。パウロはエペソ教会のクリスチャンに対して、繰り返し教会について教えました。信仰者は一匹オオカミのように一人で信仰の歩みを進めていくのではなく、他の信仰者と共に生きていく存在だからです。

教会とは何なのか。教会の一員として生きていくとはどのようなことなのか、この手紙を通して確認しましょう。

一、キリストのからだ

また、神はすべてのものをキリストの足の下に従わせ、キリストを、すべてのものの上に立つかしらとして教会に与えられました。教会はキリストのからだであり、すべてのものをすべてのもので満たす方が満ちておられるところです。（エペソ一・二二、二三）

「教会はキリストのからだ」と言われます。ここには、キリストと教会の一体性が示されています。「かしら」はキリストです。このお方はすべてのものをその足の下に従わせておられるお方、すべてのものの上に立つお方です。この方が教会のかしらであり、教会はキリストのおからだだと言います。ですから、神様が現在、世界の中にご自分の働きを進めるうえで、その中心にあるのはキリストのからだなる教会です。信仰者はこの教会の一員として、神様の恵みを世に証ししながら生きていきます。

既に教会とのつながりのある方は、そのつながりを大切になさってください。これまで特に教会と関わりのない方は、近隣によい教会がないか探してみてください。聖書を神のことばとして分かりやすく教えてくれる教会があれば、ぜひその教会に継続して集ってください。日曜日ごとに礼拝がささげられていると思いますので、週ごとに他の信仰者とともに神様を礼拝することができます。教会の正式な会員となるには、バプテスマ（洗礼）を受けます。「からだは一つ、御霊は一つです。主はひとり、信仰は一つ、バプテスマは一つです」とも言われます（エペソ四・四、五）。異端的な教会でない限り、どこの教会で洗礼を受けたとしてもキリストのからだなる教会の一員となり、名実ともに信仰の歩みをスタートさせることができます。

二、神の民

こういうわけで、あなたがたは、もはや他国人でも寄留者でもなく、聖徒たちと同じ国の民であり……（エペソ二・一九）

エペソ教会のクリスチャンたちの多くはいわゆる「異邦人」でした。これは、ユダヤ人ではないということです。旧約聖書には、イスラエルの民が神の民として選ばれ、立てられたことが記されています。しかし、イスラエルの民は次第に神の御心に背き、大国の支配下に置かれることになりました。そのような中で遣わされたキリストを、少なからぬユダヤ人も信じましたが、宣教の進展によって異邦人たちもキリストを信じるようになりました。エペソ教会のクリスチャンたちもそうでした。

パウロは、他の手紙の中で、「外見上のユダヤ人がユダヤ人ではなく」と言っています（ローマ二・二八）。イエス・キリストを通して心が変えられ、神の子とされた者たちが真のユダヤ人であり、真の神の民であるということです。「聖徒たちと同じ国の民」とは、ユダヤ人から見れば異邦人のようであっても、キリストを通して真に神の民とされているのですよ、という意味です。

三、神の家族

……聖徒たちと同じ国の民であり、神の家族なのです。（エペソ二・一九）

キリストは神様が天におられる私たちの父であられることを教えられました。神の民として生きるということは、神様を天のお父様として生きることですが、それとともに、同じく神を信じ見上げる仲間たちを神の家族として生きることでもあります。

教会に行かれると、同じ信仰の仲間たちを「兄弟」、「姉妹」と呼んでいるのを見かけることがあります。これは、教会が神の家族であり、天に父なる神様を信じる兄弟姉妹なのだというところから生まれた表現です。

私自身はクリスチャン家庭に生まれ育ちました。ですから、子どもの頃から教会の集いの中に身を置き、「兄弟姉妹」との交わりの中で育てられました。人付き合いの良いほうではなかった私を忍耐強く見守り、陰にあって祈ってくださった多くの信仰の先輩方がいました。一人ポツンとしていると何気なく声をかけてくれたり、その時々に励ましや応援の言葉をかけたりしてくれた信仰の仲間たちがいました。私が今あるのは、こういう方々に支えられてのことだと痛感します。

私たちがこの世に生を受け、生まれてくると、お父さん、お母さんが愛情をもって育ててくれます。また、お兄さん、お姉さんに取り囲まれて育ちます。そのように、信仰の先輩や仲間たちの愛と祈りの中で育つことができる……これもまた神様が備えてくださっている恵みです。

四、聖なる宮

使徒たちや預言者たちという土台の上に建てられていて、キリスト・イエスご自身がその要の石です。このキリストにあって、建物の全体が組み合わされて成長し、主にある聖なる宮となります。あなたがたも、このキリストにあって、ともに築き上げられ、御霊によって神の御住まいとなるのです。(エペソ二・二〇－二二)

ここでは、教会が一つの建物にたとえられています。最初に、教会は決して建物ではないと言いましたが、パウロは比喩として教会を建物にたとえました。土台はキリスト・イエスです。そして、この建物には一つの特別な役割がありました。「聖なる宮」、「神の御住まい」としての役割です。

旧約聖書では、神を礼拝する場として、神殿が建てられました。しかし、今は、キリストを信じる信仰者の集まりの中に、神様はご自分の臨在を現わされます。私たちは、週ごとに、また機会あるごとに集まり、神様を礼拝し、賛美し、その御顔を仰ぎながら生きていきます。神様もまた、喜んでそのような場にご自分を示してくださいます。

キリストが言われたように、人数の大小はあったとしても、キリストを信じる者たちが共に集うその中に、父・子・聖霊の三位一体の神様が臨在されます。「二人か三人がわたしの名において集まっているところには、わたしもその中にいるのです。」（マタイ一八・二〇）

私たちの信仰の歩みが、神の家族との交わりの中で励まされ、聖なる宮での神様への礼拝を中心にしながら進められますように。

◇　教会の集いに参加したことがありますか。初めて参加したのはどのようなきっかけでしたか。

◇　教会についてのいろいろな表現は、それぞれ教会のどんな面を表現していると思いますか。

◇　これから教会との関わりを深めていくために、どんなことができますか。

第十六話　光の中を歩む　Ⅰヨハネ一・五－一〇

使徒ヨハネもまた、手紙を書きました。彼の第一の手紙のテーマは、「御父また御子イエス・キリストとの交わり」と言ってもよいでしょう（Ⅰヨハネ一・三）。「神と共に生きる」というテーマに焦点を当てながら、聖書の基本的メッセージを学んできました。神様と共に生きていくために必要なこと、大切なことが何であるか、ヨハネの手紙から確認しましょう。

一、神は光である

私たちがキリストから聞き、あなたがたに伝える使信は、神は光であり、神には闇が全くないということです。（Ⅰヨハネ一・五）

神様と共に生きていくために、神様がどんな方であるかをみことばから教えられることは大切です。ここに、「神は光であり、神には闇が全くないということです」とあります。使徒パウロもまた神様について「死ぬことがない唯一の方、近づくこともできない光の中に住まわれ、人間がだれ一人見たことがなく、見ることもできない方」と書いています（Ⅰテモテ六・一六）。

光はすべての物をありのままに照らします。光のあるところ、闇は逃げていきます。そのように、神様はすべての物事を見抜かれる方、隠さなければならないような悪や汚れからは遠く離れ、そのようなものを一切持たないお方です。

二、光の中を歩む

神様が光なるお方と分かれば、そのようなお方と共に生きるということが意味することが分かってきます。それは、光の中を歩むことなしに、神と共に生きることはできないということです。

もし私たちが、神と交わりがあると言いながら、闇の中を歩んでいるなら、私たちは偽りを言っているのであり、真理を行っていません。もし私たちが、神が光の中におられるように、光の中を歩んでいるなら、互いに交わりを持ち、御子イエスの血がすべての罪から私たちをきよめてくださいます。（Ⅰヨハネ一・六、七）

ここに一つの仮定があります。もし誰かが、「神と交わりがあると言いながら、闇の中を歩んでいる」としましょう。神は光なるお方です。神と交わりがあるなら、当然、光の中を歩むことになるはずです。そうであるのに、闇の中を歩んでいるとすれば、「神と交わりがある」という主張が偽りであるということになります。

逆に「私たちが、神が光の中におられるように、光の中を歩んでいる」としたらどうでしょうか。光の中を歩んでいるのですから、嘘偽りの入り込む余地はありません。自分のありのままの姿を神の光に照らして頂くとき、私たちは「互いに交わりを持ち」ながら生きていくことができます。

「互いに交わりを持つ」とは、信仰者同士の交わりを含みます。しかし、それは「御父また御子イエス・キリストとの交わり」を土台としています。神様との隔てのない交わりを持ち、また互いにも自由な交わりを持ちながら生きていくことができます。それは、自分を神様の前に偽らず、光の中を歩んでいくとき可能となる生き方です。

三、罪が自覚されるとき

……御子イエスの血がすべての罪から私たちをきよめてくださいます。（Ⅰヨハネ一・七）

しかし、信仰を持ったとは言え、神の光に照らされたとき、自分の犯した罪や過ちが明らかになってくるとしたらどうでしょうか。これは信仰の歩みを始めるすべての者がいつしか直面する課題でしょう。しかし、ヨハネは言います。「御子イエスの血がすべての罪から私たちをきよめてくださいます」と。

これは、「光の中を歩んでいるなら」ということを条件としています。たとえば、「自分には罪がない」と言うならどうでしょうか。「私たちは自分自身を欺いており、私たちのうちに真理はありません」と言います（Ⅰヨハネ一・八）。そこには嘘偽りがありますので、光の中にいるのではなく、闇の中に逃げ込んでいることになります。そうであれば、私たちが罪からきよめられることはありません。

しかし、神様の光によって罪が示されたとき、それを率直に認め、神様の前に言い表すなら事態は変わってきます。

もし私たちが自分の罪を告白するなら、神は真実で正しい方ですから、その罪を赦し、私たちをすべての不義からきよめてくださいます。（Ⅰヨハネ一・九）

ありのままに自分の罪を認め、神の前に言い表すとき、それは、光の中にとどまることを意味します。すると、「御子イエスの血がすべての罪からわたしたちをきよめてくださいます。」これは、神の約束ですので、真実で正しい神様は、私たちの「罪を赦し、私たちをすべての不義からきよめてくださいます。」

このことは、私たちが最初に罪を悔い改めて、御子イエス・キリストを信じたときに起こることでもありますが、私たちが信仰者として歩みを進めていく中で、何度でも更新される恵みでもあります。

クリスチャン家庭に生まれながら、大学生になってようやく真剣に聖書を読み始めた私は、神のみことばの光によって、自分では気づかなかった自分自身の姿に直面させられることになりました。愛のない自分本位な姿、偽善や高慢、汚れた思いや行い……。最初は、そのような自分の姿を見て見ぬ振りをしようとしたり、ごまかそうとしたりしました。しかし、次第に強まる神様からの光に、自分の罪汚れをごまかしきれなくなりました。そうした時、初めてのように、イエス・キリストの十字架の死が自分のためでもあったことが示されてきました。「御子イエスの血がすべての罪からきよめてくださいます。」「すべての罪」とある以上、私のあの罪、この罪、すべての罪が赦され、きよめられるのだと知った時、驚くばかりの神様の恵みに圧倒されるようでした。

そして、この恵みは今に至るまで私を支え続けています。神様の光に照らされる時、罪を自覚する時があります。そのような時には、同じく罪を言い表し、御子イエス様の血を仰ぎます。赦され、きよくしていただきます。そのようにして、日々神と共に生きる幸いが更新、継続されることは、大きな恵みです。
「幸いなことよ　その背きを赦され　罪をおおわれた人は。幸いなことよ　主が咎をお認めにならず　その霊に欺きがない人は。」（詩篇三二・一、二）「自分の背きを隠す者は成功しない。告白して捨てる者はあわれみを受ける。」（箴言二八・一三）
光なる神様の前に、嘘偽りなく、ごまかしなく生きることができる……これは驚くべき恵みです。御子イエス様の血のゆえにこの恵みが与えられていることを覚え、この恵みを与えてくださった神様をほめたたえましょう。そして、愛をもって私たちの生涯を守り導いてくださる神様とともに、喜びをもって生きていきましょう。

◇強い光に照らされたことがありますか。
◇第一ヨハネ一・七によれば、私たちが光の中を歩んでいるとき与えられる恵みはどのようなものですか。
◇神の前にまだ言い表していない罪があれば告白して、御子の血による赦しときよめをいただきましょう。

第十七話　聖なる都への招き

黙示録二一・一－七、二二・一〇

「神と共に生きる」というテーマに焦点を当てながら、聖書を学んできました。最後に、神様が世界の歴史のゴールとしてどのようなものを備えておられるのか、ヨハネの黙示録から学びます。それは、信仰者一人ひとりがめざすべきゴールでもあります。

一、聖なる都の出現

使徒ヨハネは、信仰のゆえにパトモス島に島流しにされていました。彼はそこで、これから起こる事柄について、神様から数々の幻を与えられます。その最後に見せられたのが、聖なる都についての幻でした。

また私は、新しい天と新しい地を見た。以前の天と以前の地は過ぎ去り、もはや海もない。私はまた、聖なる都、新しいエルサレムが、夫のために飾られた花嫁のように整えられて、神のみもとから、天から降って来るのを見た。（黙示録二一・一、二）

「新しい天と新しい地を見た」と言います。「以前の天と以前の地は過ぎ去り」ともあります。天と地、万物を創造された神様は、世の終わり、この世界を新しくされる時が来ると言います。

私たちの生きる世界は、人間の罪故に汚染され、様々な災いの起こる世界です。痛みや悲しみが尽きない世界と言ってもよいでしょう。しかし、そのような世界が過ぎ去る時が来る、新しい天と新しい地が備えられるのだと言います。

世界の歴史は苦難に満ちています。世の終わりが近づくにつれ、その度合いはますます強まるようです。しかし、やがてキリストが再び来られ（再臨と言います）、世界は終わりを迎えます。キリストの再臨と新天新地の出現は、同時であるのか、時間的差異があるのか、諸説ありますが、世界の歴史がキリストの再臨、新天新地の出現を通して終わりを迎えていくことは確かなようです。

新しくされた天と地において現れるのが「聖なる都」と呼ばれるものです。この都の情景は、黙示録の最後の二章にわたって詳しく記されています。世界のゴール、そして信仰者一人ひとりのゴールとして神様が備えておられるのが、この都です。

二、都の情景

この都では、神様が人々と共におられるということが鮮やかに示されています。

私はまた、大きな声が御座から出て、こう言うのを聞いた。「見よ、神の幕屋が人々とともにある。神は人々とともに住み、人々は神の民となる。神ご自身が彼らの神として、ともにおられる。（略）」（黙示録二一・三）

旧約聖書で神の前に出る場として備えられた「神の幕屋」は、祭司たち限られた者たちだけが足を踏み入れることのできる場所でした。しかし、イエス・キリストの死による贖いによって、私たちの罪が赦され、神の前に出ることができる道が備えられました。信仰によって私たちは、愛なる神様と共に生きる幸いを日々味わうことができます。同時に、信仰者の歩みの中では、神から引き離そうとする悪の力も経験します。地上での歩みは、そのようなものとの戦いなしにはありえません。しかし、この都では、「神は人々とともに住み、人々は神の民となる」。このお方から引き離そうとする力は取り去られ、神と共にある幸いだけがこの都を支配しています。

続いて「大きな声」は次のように語ります。

神は彼らの目から涙をことごとくぬぐい取ってくださる。もはや死はなく、悲しみも、叫び声も、苦しみもない。以前のものが過ぎ去ったからである。（黙示録二一・四）

現在、信仰者の歩みは、神が共にいてくださることを覚えつつも、数々の困難があります。悲しみの涙を流すこともあります。死による別離を経験することもあります。しかし、この都にそのようなものはありません。地上での歩みの中で沢山の涙を流したとしても、神様は「彼らの目から涙をことごとくぬぐい取ってくださる」と言います。

私が若い頃の話ですが、ある教会の教会学校（子どもたちのための集い）の中で、黙示録のこの箇所からお話したことがあります。この都には涙がありません、死もなく、悲しみや苦しみもありませんとお話しました。ふと見ると、すぐ目の前で聞いていた子が静かに涙を流していました。何か最近辛いことでもあったのでしょうか。分かりませんが、聖書の希望がその子にも何がしかの励ましを与えたとすれば感謝なことだと、今でも時折思い起こします。

三、都に入る者

どういう人たちがこの都に入るのでしょうか。「御座に座っておられる方」（黙示録二一・五）、すなわち神様がこのようにヨハネに語られます。

わたしは渇く者に、いのちの水の泉からただで飲ませる。勝利を得る者は、これらのものを相続する。わたしは彼の神となり、彼はわたしの子となる。しかし、臆病な者、不信仰な者、忌まわしい者、人を殺す者、淫らなことを行う者、魔術を行う者、偶像を拝む者、すべて偽りを言う者たちが受ける分は、火と硫黄の燃える池の中にある。これが第二の死である。

（黙示録二一・六－八）

この都は神の栄光によって照らされた場所です。その光のゆえに太陽も月も必要とされないと言います（黙示録二一・二三）。光輝く神様が支配される都であれば、すべての闇のわざ、神様に喜ばれない罪悪、不正、汚れを抱えたままでは、この都に入れません。しかし、前回学んだように、神様の光に照らされるなら、罪なしと言える者はひとりもいません。そうであれば、私たちはどうしたらよいのでしょうか。

「わたしは渇く者に、いのちの水の泉からただで飲ませる」と言います（黙示録二一・六）。「ただで」とありますから、何か自分の代償を自分で支払うわけではありません。しかし、そのようなことがどうして成り立つのでしょうか。

自分の衣を洗う者たちは幸いである。彼らはいのちの木の実を食べる特権が与えられ、門を通って都に入れるようになる。（黙示録二二・一四）

「自分の衣を洗う」……罪に汚れた衣を私たちはどのように洗うことができるのでしょうか。それはただ御子の血によって可能となります。罪のための代価は御子の血によって既に支払われています。自分の罪を率直に認め、悔い改めて、御子を信じることです。そのようにして「自分の衣を洗う」なら、神様は私たちに罪の赦しを与え、神様と共に生きる新しいいのち、永遠の都に迎えられる恵みを備えてくださいます。

なお、世の終わりに至るまでに死んだ信仰者は中間的な場所に迎えられ、キリストと共にあるようです（ルカ二三・四三、ピリピ一・二三）。世の終わりを迎えると、すべての者が一度よみがえらされます。神に背く生き方をしてきた者は「火の池」と呼ばれる場所に投げ込まれますが（黙示録二〇・一一－一五、二一・八）、自分の衣を洗った者たちは永遠の都に迎えられます。

聖書に示されたメッセージは、このようなものです。神様は聖書を通してすべての者を招いてくださいます。「渇く者は来なさい。いのちの水が欲しい者は、ただで受けなさい。」（黙示録二二・一七）ぜひあなたも、神様が備えられた豊かな恵みを、信仰をもって受け取ってください。そして、神を愛し、周囲の人々を愛しながら、神と共に生きる幸いを豊かに味わう生涯を送られますように。

◇長距離走などで、ゴールが待ち遠しかったことがありますか。

◇黙示録二一、二二章に描かれる都には、何があって、何がないでしょうか。

◇あなたもこの都に入りたいと願いますか。

あとがき

新型コロナウイルスが世界中で猛威を振るい始めた二〇二〇年春、私は日本イエス・キリスト教団事務局での働きの傍ら、同教団神戸聖泉教会での働きを兼任することになりました。それまで神戸聖泉教会では会堂での礼拝を継続していましたが、緊急事態宣言が出される状況を鑑み、会堂での礼拝を取りやめ、各家庭で礼拝を持って頂くことにしました。説教は私が文章をまとめ、ＦＡＸで各家庭にお送りすることにしました。礼拝人数は多くて十名にならない状況でしたので、ＦＡＸの送信先は五軒程度で済みました。

この時の説教が「聖書が告げるよい知らせ」というテーマのもとでの連続説教でした。やがて会堂での礼拝が再開してからも、文書は説教要旨として配布を継続。他の協力牧師と交替しながらの説教でしたので、一年で二五回のシリーズとなりました。

翌年、現在奉仕する大久保めぐみ教会に赴任しました。年末、おひとりの男性から聖書を学びたいとの連絡を頂きました。この時、「聖書が告げるよい知らせ」の説教要旨を適宜アレンジしながら学びを進めることにしました。折角ですので、一般の方々でも関心のある方には読んでいただきたく思い、個人ブログのほうにも掲載。残念ながら、学びをしていただいた方は、ご事情のため途中で学びを継続できなくなりましたが、ブログのほうは掲載を継続、シリーズを完結させることができました。

ところが、ブログを読まれたあるクリスチャンの方から、「初心者には難しいのでは」とのご感想。とにかく、どんな方にも分かりやすいものをと願っていましたので、何とかご要望にお応えしたいと思いました。回数をかなり絞り込み、内容的にも多少の例話を交えるようにしてブログに掲載、二〇二三年六月、シリーズが完結しました。

十七回のメッセージで、聖書全体の内容を分かりやすくお伝えするのは、なかなか困難なことではありましたが、自分としてはそれなりに納得のいく内容となったと思っています。

毎回、タイトル下に聖書箇所を表示しています。これは、もともと礼拝説教で朗読頂いた聖書箇所です。聖書本文の内容は、適宜引用、掲載していますが、できればその聖書箇所全体を読んでから、本書を読み進めていただくとよいと思います。

グループで聖書を学ぼうとする際に助けとなるよう、各回の最後に三つずつ質問を付けています。一通り内容を輪読した後、それらの質問を用いて、感想や意見を交わすことで、理解を深めて頂くことができるでしょう。

本書を読まれた皆様が、聖書のメッセージを受け取り、神様と共に生きる生涯へと、一歩、足を踏み出す助けとなることを祈りつつ。

二〇二三年七月

長田栄一

著者略歴：
長田栄一（ながた・えいいち）

1965年兵庫県柏原町生まれ。クリスチャン家庭に生まれ、1980年洗礼を受ける。京都大学理学部、関西聖書神学校卒。1993年日本イエス・キリスト教団の教職者となる。同教団川本教会伝道師、明石人丸教会副牧師、函館中央教会、神戸聖泉教会、堺栄光教会、神戸大石教会の牧師、また教団事務所主事、事務局長を経て、現在、大久保めぐみ教会及び姫路城北教会の牧師。

主な著書：『旧約聖書の世界 ―― そのゆたかなメッセージに聴く』（2020）、『**新約聖書の世界** ―― 愛と真理の言葉に聴く』（2022）共にヨベル

神と共に生きる ―― 聖書の基本がわかる十七話

2024年4月25日 初版発行

著　者 ―― 長田栄一

発行者 ―― 安田正人

発行所 ―― 株式会社ヨベル　YOBEL, Inc.
〒113-0033 東京都文京区本郷4-1-1　菊花ビル5F
TEL03-3818-4851　FAX03-3818-4858
e-mail : info@yobel. co. jp

装丁者 ―― ロゴスデザイン：長尾優

印刷所 ―― 中央精版印刷株式会社

配給元―日本キリスト教書販売株式会社（日キ販）
〒162 - 0814　東京都新宿区新小川町9 -1
振替00130-3-60976　Tel 03-3260-5670

ISBN978-4-911054-20-8 C0016

聖書は、新改訳聖書2017（新日本聖書刊行会発行）を使用しています。

【再録・本のひろば　2022年4月号】

『旧約聖書の世界』『新約聖書の世界』を上梓して

著者は語る「聖書の世界への招き」

長田栄一

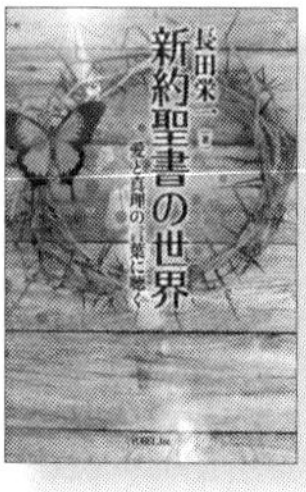

一昨年の『旧約聖書の世界――その豊かなメッセージに聴く』に続き、『新約聖書の世界――愛と真理の言葉に聴く』を上梓させて頂きました。「随分かかった」というのが正直なところです。しかし、ここまでの時間は無為に流れたものではないことも自覚させられています。

一四年ほど前、赴任したばかりの教会で二つの説教シリーズを始めました。「旧約聖書入門」、「新約聖書入門」の二つで、それぞれ旧約聖書、新約聖書の流れを理解するのに必要なそれぞれ約六〇箇所からの説教シリーズでした。当然、聖書の最も基本的な箇所になるわけですが、これらの箇所を通して、教会の皆さんと共に聖書の最も基本的なメッセージを共に味わいたいと願いました。

このメッセージ・シリーズを始めるにあたり、週報別紙のような形で、少し長めの説教要旨を作成しました。礼拝に集えない教会員のため、また礼拝に出られた方も後で読み返して頂けるようにと考えました。同時に、「これらの説教要旨が将来どこかで本になれば」という漠然とした願いもありました。

「聖書入門」というテーマのもとでの連続講解説教、あるいは説教集という形の聖書の入門書……当時、「ありそうで、ないかも」と思えましたので、そういう本があってもよいのではないかと考えました。そして、当初、それはそれほど難しいことでもないように思えました。

ところが、その後、自らの神学的理解の曖昧さ、不十分さに直面する事態が続けて起こることになりました。詳細を記すには紙幅が足りませんが、それらのことの結果、福音とは何か、聖書の基本的な使信をどのように理解すべきか、継続的に取り組むべき課題として受け止めるようになりました。教団事務局への奉仕へと転任になったことより、牧会の現場から一歩距離を置いたところで、そういった課題にじっくり取り組むことができたのは感謝なことでした。

このような経緯の中で、二つの説教シリーズの書籍化はいつしか先送りされていきました。聖書の基本的使信がどのようなものであるか明確にされていない者が、このような種類の書物を世に出すことはふさわしくないことと思えました。やがて兼任することになった教会では、祈祷会でそれらの説教要旨をテキストに学んで頂く機会を持ちました。その際には、神学的に未熟なところを手直しする作業を行いました。

教団事務局での奉仕が終わりに近づくころ、福音理解への方向性が自分なりに少しずつ明確になってきました。結果的に近年の神学的動向の中ではかなり保守的な理解にとどまることになりましたが、単に「これまでそう考えてきたから」、「そう教えられてきたから」ということでなく、そう理解するのが妥当だと考える理由をある程度筋道立てて説明することが少しずつできるようになりました。それと共に、ためらいの中にも自分の中に二つの説教シリーズの書籍化へと踏み出す決心がつくようになりました。

　おそらく、『本のひろば』の読者の皆様が読まれたら、「それにしては稚拙、物足りない」などと感じられる向きも多々あろうかと思います。それは、一方では私自身の神学的な理解の限界を示していることでしょう。しかし、他方ではこれらの書物の基本的性格によるところがあるかもしれません。信仰初心者を含め、聖書の世界に親しみ、聖書を通しての神の語りかけをできるだけストレートな形で聞き取っていただきたいという願いは、当初から変わっていません。

「旧約聖書が読み進められず、レビ記で止まっていたのですが、栄一さんの本を読んでから、進み、今、サムエル記まで到達しました。ありがとうございます。」今年、親戚の一人から頂いた年賀状の一文です。本にした甲斐があったと、主に感謝しました。

（ながた・えいいち＝執筆当時：日本イエス・キリスト教団 大久保めぐみ教会牧師）